周易으로 본 弘益人間

周易으로 본 **弘益人間**

초판 인쇄 : 2018년 10월 11일
초판 발행 : 2018년 10월 15일

지은이 ㅣ 윤 여 덕
디자인 ㅣ 송영섭
펴낸곳 ㅣ 백산자료원

등록 1991년 2월 11일(제2-1125호)
주소 ㅣ 서울특별시 중구 을지로 3가 334-1
전화 ㅣ 02) 2267-2090 010-5126-0300
팩스 ㅣ 02) 2267-7710
E-mail : gando2090@naver.com

값 15,000원
ISBN 978-89-6194-043-6-93910

: 사진
2012년 2월 설 무렵 경기도 남양주 한 마을 입구 솟대(일명 진또배기) 앞에 선 필자

차례

머리글

나의 홍익인간(弘益人間)과의 인연은 60여 년 전 학창시절로까지 거슬러 올라간다. 미션계 대학의 주례 행사인 매주 1회 열리는 체풀(chapel) 시간은 교목(校牧)을 비롯한 학내 교수들은 물론 때로는 사회의 저명인사들을 초청하여 강연을 듣는 등 전교생을 대상으로 하는 일종의 교양 프로그램 같은 것이었다.

어느 해 이른 봄날로 기억된다. '호랑이 총장'으로 소문난 백락준(白樂濬) 박사가 연사로 등단하자 여느 때보다는 얼마쯤 긴장한 때문인지 빈자리 하나 없이 학생들로 꽉 들어 찬 원형(圓形) 노천극장 안 십 수개 단(段)의 촘촘한 잔디 스타디움에선 물을 끼얹은 듯 기침소리 하나 들리지 않았다. 타고난 웅변가로 알려진 백 박사는 깊은 침묵을 깨고 학생들의 정신 자세를 지침(指針)하는 열변을 토해내기 시작했다. 그리곤 요즘 젊은이들이 물질을 앞세우는 서구문화에 심취(心醉)하여 제정신을 잃고 있는 것은 아닌지 모르겠다고 걱정하면서 그것(서구문화)은 한 여름 아스팔트 바닥에 꽂아놓은 뿌리 없는 꺾꽂이 문화(cutflower civilization)에 불과하다고 비판의 날을 세웠다. 그리고선 청년들은 모름지기 우리의 고유한 전통 사상에 보다 관심을 갖고 정진(精進)하기 바란다고 주문하면서 그 특유의 '청년에게 고(告)한다'는 훈시조(訓示調) 연설을 마무리하였다. 그가 일찍이 〈한국 신교사(新敎史)〉를 쓴 기독교 1세대라는 것을 알고 있는 학생들에게는 이 같은 그의 연설이 충격이 아닐 수 없었다. 나 역시 이 말을 대학 4년 동안 들은 말 가운데 가장 감명(感銘) 깊은 명강설(名講說)로 기억하고 있었다. 그리고 사회에 나와 한 단군 숭모 단체의 연혁(沿革)을 정리하는 과정에서 홍익인간 사상을 교육 이념으로 채택한 이가 바로 백낙준 박사라는 사실을 뒤늦게 알게 되었고 그가 서구문화의 첨단 기지(尖端基地)나 다름없는 미션칼레지 한 복판에서 외쳐 댄 우리 고유의 전통사상이라는 것이 바로 홍익인간을 의미하는 것이었다는 것을 알고 새삼 감동하지 않을 수 없었다.

그 후 단군조선의 건국이념인 홍익인간(弘益人間)을 맨 처음기록으로남긴〈삼국유사〉의저자 일연(一然 1206~1289) 스님을 만나게 된 것은 망외(望外)의 행운이었다. 한 불교 잡지(불교사상 佛敎思想)의 의뢰를 받고 1950년대 초 이후 비구니(比丘尼 여승 女僧)의 중심 도량이 된 청도 운문사(雲門寺)를 르포하는 과정에서 한 때 이 절에 머물면서 〈삼국유사 三國遺事〉를 집필한 것으로 알려진 일연스님의 체취(體臭)가 묻어나는 생생한 행적도 함께 취재할 수 있었다. 그가 실제로 〈삼국유사〉를 집필한 곳은 말년을 보낸 경북 군위(軍威) 인각사(麟角寺)이나 자료 수집 또는 책의 구도(構圖)를 잡는 초고(草稿 초벌 원고) 단계까지 포함하는 넓은 의미의 집필은 운문사 시절부터라고도 할 수 있을 것이다.

일연 스님은 최근세 들어 한 때 역사학계의 주류를 형성했던 실증사학(實證史學)을 일찍이 몸으로 체현(體現)한 철저한 실험정신의 소유자였던 것으로 알려지고 있다.

〈삼국유사〉 원광서학(圓光西學) 편을 보면 그가 주석(駐錫 스님이 절에 머무는 것을 말함)하고 있던 청도 운문산(일명 호거산 虎踞山,1239m) 운문사(雲門寺)에서 일찍이 원광법사(圓光法師)가 귀산(貴山)과 추항(箒項)에게 화랑오계(花郎五戒)를 설한 같은 운문산 가슬갑사(嘉瑟岬寺)를 취재하기 위해 당시 70여세의 노구(老軀)를 무릅쓰고 9천보(우리 이수 里數로 20여리)나 되는 험준한 산길을 직접 걸어서 답사했다는 기록(유언갑사야 猶言岬寺也 금운문사동구천보허 今雲門寺東九千步許)을 주석(註釋)으로 남길 만큼 주도면밀(周到綿密)한 성격의 대학승(大學僧)이었다..

비록 시대는 다르지만 원광법사와 일연스님은 저마다 위기에 처한 나라를 구하기 위해 겨레의 분기(奮起)를 촉구했던 종교의 울을 넘어 나라 사랑하는 마음이 극진했던 스님들이다.

일찍이 원광법사는 삼국의 쟁패(爭覇)가 절정으로 치닫던 서기 608년 고구려와 백제의 침입을 막기 위해 "자신의 생존을 위하여 남을 없애려는 것은 중이 할 도리는 아니지만 왕의 땅에 살면서 그 물과 풀을 먹고 있으니 어찌 감히 명(命)을 받들지 않을 수 있겠는가"고 지어올린 걸사표(乞師表,수 隋 나라 구원병을 요청하는 글)는 1천 5백 여 년이 지난 지금까지도 호국불교의 상징으로 면면이 전해 내려오고 있다. 이후 역대 왕조 대대로 국난이 일어날 때마다 치의(緇衣 승복 僧服) 대신 군포(軍鋪)를 갈아입고 살신구국(殺身救國)의 사표(師表)가 되어왔다. 그리고 다시 6백여 년 뒤의 일연스님은 몽고의 침입으로 초토화(焦土化) 된 강토와 황폐(荒廢)한 민심을 추스르고 어루만지기 위해 지은 〈삼국유사〉의 행간(行間)마다에서 영광스러운 지난날의 역사를 다시 일으켜 세울 재기(再起)의 희망과 용기를 백성들에게 불어 넣어주고 있다.

이렇게 절묘한 시기에 만난 홍익인간은 그래서 나의 평생 화두(話頭)가 되었고 기회 있을 때마다 단편적으로 글로 써서 남기긴 하였으나 그 때마다 어딘지 미진(未盡)한 구석이 아쉬움으로 남곤 했었다. 그러던 참에 지난 90년대 후반 한 통일단체(통일건국민족회)에서 신라 화백(和白)의 직접민주적(直接民主的) 전통을 계승하여 기초(起草)한 국민주권 직접민주정치 헌법 개정안의 전문(前文) 모두(冒頭)에 헌정사상 최초로 홍익인간을 도입함으로써 역사에 새로운 기원(紀元)을 세우는 계기를 마련하게 되었다. 그리고 홍익인간이 주역(周易) 손익괘(損益卦)의 원리와 합치한다는 것을 처음으로 밝혀내면서 홍익인간의 철학적 기반을 구축(構築)하고 그 논리의 체계화를 시도하게 되었다. 필자가 생각하기에도 일찍이 전례(前例)가 없는 말 그대로 전무후무한 이 미답(未踏)의 경지(境地)를 과연 헤쳐 나갈 수 있을까 하고 스스로에게 묻고 또 묻던 끝에 이 나라 국민 누구든 한 번은 고민해야 할 이 민족적 주제(主題)를 외면만 할 수 없었기에 감히 정면 승부(勝負)를 건 도전을 하게 된 것이다. 보기에 따라서는 분(分)에 넘치는 과욕이라고도 할 수 있겠으나 오로지 최선을 다 한다는 마음가짐 하나로 돌파해 나가려고 한다. 그럼에도 불구하고 아직은 여러 가지로 미숙한 점 또한 많다는 것을 솔직히 인정하지 않을 수 없다. 선후배 동학(同學) 여러분의 기탄없는 질정(叱正)을 바라면서 특히 내외 학자들, 그 중에도 동양철학의 전설적 태두(泰斗) 중천(中天) 김충열(金忠烈) 선생과 한국인보다 더 한국적인 임마뉴엘 페스트라이쉬 교수(경희대)의 저술과 논설 등에 힘입은 바 컸음을 이 자리를 빌어 밝히면서 아울러 깊은 감사를 드린다.

2016년 월 일 尹汝德 삼가 쓰다.

시공(時空)을 초월한 인류 보편 사상

보통 홍익인간(弘益人間)의 의의를 말 할 때 '널리 인간 세상을 이롭게 한다.'는 축자식(逐字式) 풀이가 대종(大宗)을 이루는데 .홍익인간의 교육이념 도입을 맨 처음 제안한 백락준(白樂濬 제2대문교부장관)은 이를 좀 더 구체적으로 부연(敷衍,덧붙여 알기 쉽게 자세히 설명함)해서 설명하기를 '더 이상 넓고 더 이상 클 수 없는 최대한의 이익'으로 정의하고 있다. 영어로는 'maximum service to humanity'라고 번역하였는데 학자에 따라서는 'the greatest service for the benefit of humanity'라고 번역하기도 한다. 이 때 인간(人間)은 단지 개체로서의 사람을 뜻하는 것이 아니고 '사람 사는 세상', 즉 사회공동체를 뜻하는 것이다. 크게는 인류(humanity)로 까지 확대한 공동체의 이익이니까 이익 중에서도 가장 큰 이익으로 정의 할 수 있을 것이다.

백낙준

여기서 세상을 뜻하는 인간은 바로 '우리의 신성한 고장'이고 이는 곧 '강토 성역(聖域)의식의 표출된 기록'으로 공간 개념까지 아우른다. 그것은 또한 인격존엄(人格尊嚴) 인본(人本) 위민(爲民) 사상이다. 정치적으로는 치자와 피치자, 개인과 국가가 하나(일체 一體) 되어 경천 숭조(敬天崇

祖)하는 천인합일(天人合一)의 사상이다. 이를 현대적으로 재해석하면 공생 공영하는 공동체 윤리다. 실로 차원이 높고 폭이 넓고 고상하고 광대(廣大)한 사상이요, 원대(遠大)한 인류의 이상으로 자리매김 하는 데 조금도 손색이 없는 사상이다.

그래서 인지 홍익사상을 연구하는 학자나 논저는 수 없이 많다. 그런데 아쉽게도 극소수를 제외한 그 대부분이 주류에서 소외된 재야 학자들에게 집중되어있다는 데 주목하지 않을 수 없다. 이른바 강단사학자들은 그(홍익인간) 주제에는 아예 접근조차 달갑잖게 생각하는 경원시(敬遠視)현상을 보이고 있다. 앞으로 설명을 하겠지만 사정이 이렇다 보니 법률상이나 공공 기록상에서조차 홍익인간의 위상은 점점 위축(萎縮) 퇴색(退色)하여 이제 겨우 명맥을 유지하고 있을 정도이다. 그런데 일부 재야학자들은 이렇게 방치되다시피 한 홍익인간 연구를 빌미로 자가류(自家流)의 일방적 논리에다 자기 지식을 뽐내려는 현학적(衒學的,pedantic) 수사(修辭 말을 다듬어서 보다 묘하고 아름답게 하는 일)로 과대포장하거나 아전인수(我田引水) 격인 자기도취에서 헤어나지 못하는 경우를 종종 보게 된다. 심지어 일부 재야 학자들은 단군을 교조로 하는 한 신흥 민족 종교의 경전(經典) 또는 아직 검증되지 않은, 위서(僞書) 논란으로부터 자유롭지 못한 재야 사서를 그대

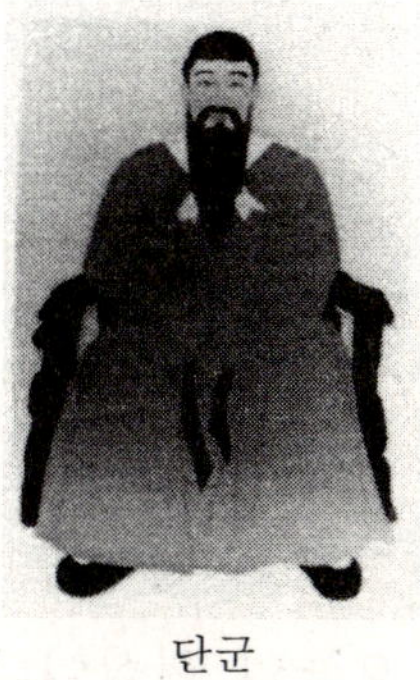

단군

로 인용하면서 홍익인간의 결정적 해석 또는 정의(定義)라고 주장하기도 한다.

이런 연유 때문인지 몰라도 기록상(문헌상 文獻上)으로는 〈삼국유사〉〈제왕운기' 帝王韻紀〉이후 7백년, 역사적으로는 아득한 고조선 이래로 수천 년 넘게 우리 민족에게는 10월 제천(祭天,오늘날 개천절의 원형)과 함께 단군의 건국이념으로 뇌리에 깊이 각인되어있는 이 사상이 아직 교육 현장에서조차 제 자리를 잡지 못하고 정권이 바뀔 때마다 그 위상(位相)이 흔들리는 불안한 상황에 놓여있다. 이렇게 국가경영의 최고 지도이념이 확고부동한 지표(指標)를 세우지 못하다보니 우리들의 삶 속에 깊이 파고들지 못할 뿐 만 아니라 우리의 가치관을 변화시킬 수 있을 만큼 뿌리를 내리거나 육화(肉化)되지 못한 채 표류(漂流)하고 있다. 이처럼 흔들리는 전통적 고유사상의 허점(虛點)을 틈타 침투한 편파적이고 배타적(排他的)인 외래 사상이 마치 인류 보편의 진리인양 포장하여 우리의 정신세계를 혼탁(混濁)하게 휘젔고 있는 것이 어제 오늘의 일이 아니다. 거기에다 우리의 고질적 통폐(通弊 일반에 두루 있는 폐단)이기도 한 외래사상 선호(選好) 풍조에 밀려 정작 홍익인간은 액면(額面) 그대로 평가받지 못한 채 점차 잊혀져가고 있는 안타까운 오늘의 현실이다.

서구지성(知性)들이 먼저 평가한 홍익인간

토인비

게오르규

이와는 대조적으로 오히려 많은 양심적인 서구의 지성들은 홍익인간의 진가(眞價)를 높이 평가하는 주객전도(顚倒 뒤바뀜)현상이 바로 우리 눈앞에서 전개되고 있다. 일찍이 〈Study of history 역사의 연구〉.라는 세계적 명저를 남긴 영국의 역사학자 아놀드 조셉 토인비(1889~1924)는 '21세기 세계가 하나 되어 돌아가는 날이 온다면 그 중심은 동북아일 것이라고 믿는다. 그리고 그 핵심사상은 한국의 홍익인간 사상이 되어야한다고 확신한다.'고 말했으며 〈25시〉의 저자인 루마니아 작가 콘스탄트 버질 게오르규(1916~?)는 '한국민족이 낳은 홍익안간 사상은 21세기를 주도할 세계의 지도(指導) 사상'이라고 극찬하고 있다. 미국 하바드대 출신 엠마누엘 페스트라이쉬 박사는 최근 펴낸 〈한국인만 모르는 다른 대한민국〉에서 '홍익인간 정신은 인종이나 민족 종족을 차별하지 않는 보편적인 성격의 개념이다. 따라서 다른 나라로 확장(擴張)시킬 수 있는 무한한 잠재력(潛在力)을 가지고 있다.'면서 대놓고 비교 하지는 않았지만 자기중심적인 서구(西歐)사상과는 달리 보편성이 뛰어난 사상이라고 말하고 있다.

엠마누엘

.그럼에도 불구하고 서구식 합리주의와 분석과학에 길들여진 안목으로 볼 때 홍익인간이 지나치게 추상적이고 포괄적이어서 교육이념으로 내세우기가 부적합하다는 지적을 받기도 한다. 그리고 신화(단군탄생설화를 말함)에서 유래하기 때문에 허구적(虛構的)이라는 이유로 역시 부적합하다는 주장을 펴기도 한다. 그 찬반 논란은 해방 직후인 1945년 11월 23일 미 군정청 조선 교육심의회 제 4차 회의에서 백락준의 주도로 홍익인간을 교육 이념으로 채택한 이래 70년 동안 끊임없이 제기되어왔다. 이 해묵은 논란은 지금도 역시 물밑 진행형이다. 그렇다고 이런 지적이나 반대 주장을 마냥 외면할 수만도 없는 것이 이현령비현령(耳懸鈴鼻懸鈴) 식 해석의 다양성으로 해서 일어나는 혼란이 너무 크기 때문에 국민 누구나 동의할 수 있는 하나의 의미를 나타내는 정형(定型)의 필요성이 그 어느 때 보다 절실하게 요구되는 시점이다. 이와 같이 홍익인간이 그 나름의 설득력을 발휘하지 못하거나 외래 사상에 의해 주인의 자리에서마자 밀려나는 역현상(逆現狀)이 일어나는 것은 그 이념을 '이념 되게' 뒷받침할 수 있는 철학적 논거(論據)를 제시하지 못하거나 또는 그것이 빈약하기 때

문에 그리고 그 연원(淵源)을 제대로 파악하지 못 한 데서 오는 자기빈곤(自己貧困)현상이 아닌가하는 생각을 하게 되었다.

게다가 '홍익인간'이라는 성구(成句)자체가 단군의 건국이념이었다는 점에서 한민족과는 5천년역사의 여명(黎明)과 그 궤(軌)를 함께 하고 있을 만큼 친근하고 임의로운 마치 '오래 된 친구' 같은 존재이다. 그래서 홍익인간 하게 되면 굳이 긴 사족(蛇足)을 달지 않더라도 그저 '인간을 널리 이롭게 한다.'는 밋밋하지만 알기 쉬운 해석만으로도 이심전심(以心傳心)으로 서로 이해하고 넘어가는 금도(襟度 남을 용납할만한 도량 度量) 같은 것이 있었다.

그래서 사람들은 그 허전한 빈구석을 메운다고 갖은 상상력과 문장력을 동원하여 치장을 하고 한껏 미화(美化) 시킨다고 나름대로 하긴 했지만 여전히 그 핵심(核心)에는 이르지 못하고 변죽만 울리는 형국이 되고 있다. 이는 차라리 '홍익인간'을 글자그대로 놓고 처음처럼 축자식으로 해석하느니만 못한 결과를 가져왔다는 뜻이기도 하다. 이 같은 해석에 대해 일부 재야 학자들은 일제 식민사학의 잔재(殘滓) 운운하고 공격하지만 원래 길을 잃었을 때는 정상의 원점(原點)으로 다시 돌아가 길을 찾는 평범한 이치를 그들은 모르거나 우정 외면하고 있는 것이다.

다시 본론으로 돌아가 홍익인간 넉자의 핵심은 도울 익자(益字)에 모아져 있다고 해도 과언이 아니다.. 익자는 원래 돕는다는 뜻이 있지만 손쉽게 이익(利益)이라고 하면 그 뜻이 보다 명료해진다. 그러나 이익이라는 개념 자체를 천시(賤視?)하는 유교 전래의 명분론에 오랫동안 길 들여져 내려온 영향 때문인지 몰라도 선인들은 선 듯 이 말을 앞세우기를 그리 달갑게 여기지 않은 것 같다.

공생공영(共生共榮)하는 공동체 윤리.

일연스님

원효대사

그러나 이익은 모든 인간 활동 중에서도 특히 경제 활동의 원천이며 따라서 역사발전의 원동력이라고 할 수 있다. 더구나 홍익인간이 추구하는 이익은 장사꾼들이 탐욕적으로 추구하는 개인의 이익과는 질적으로 다른 것이다. 서두에서도 설명했다시피 '인간'이라는 말이 '사람 사는 세상',즉 사회공동체 전체의 이익을 우선으로 한다는 것이니 이 글 서두에서 백낙준이 말 한 것처럼 '더 이상 클 수 없는 최대의 이익'이 되는 것이다.

7백 여 년 전에 일연(一然) 스님이 '홍익인간'이라는 말을 삼국유사에 남길 수 있었다는 것 자체가 결코 우연이 아니라는 생각을 하게 된다. 무엇보다도 그는 불교 승려이기 때문에 원효(元曉)대사가 그의 〈화엄학(華嚴學)〉에서 이른바 보살행(菩薩行 불도를 닦아 '보리(菩提 불교에서 최상의 이상인 불타 정각 正覺의 지혜'를 구하고 뭇 중생을 교화함을 말함)의 핵심 코드로 꼽았던 홍익인간과 뜻이 비슷한 요익중생(饒益衆生,중생들을 풍요롭고 이익되게 하는...)을 빌려다 쓰지 않고 당시 승려사회에서는 그리 흔치 않았을 어쩌면 생소(生疎)하기까지 했을 홍익인간이라는 말을 굳이 고집했을까하는 생각도 하게 된다.

그런 이유 때문일까. 아니면 과문(寡聞)의 탓인지 몰라도 삼국유사 이전의 한국과 중국의 어느 문헌이나 기록에도 홍익인간이라는 어휘(語彙)는 보이지 않는다. 중국의 고사나 우리나라의 고기(古記) 유사(遺事) 등을 보면 우리가 이(異) 민족으로부터 도덕 사상의 영향을 받기 전에 사회생활이나 경제생활에 있어 높이 평가되고 자랑할 만한 도덕적 사실이라든지 또는 도덕적실천훈(道德的實踐訓)을 많이 가지고 있지만 그것을 이론적으로 정립한 도덕적 이론서는 찾아볼 수 없다. 중국에는 사서(四書)와 오경(五經) 등 중국 사람들의 도덕사상을 이론적으로 기술한 것이 있고 인도에는 베다(veda) 본집을 비롯하여 범서(梵書) 법경(法經 Dharma Sutra), 이스라엘 민족에게는 그들의 신앙과 도덕을 반영한 모세의 오경(五經), 예언서(Nebiim), 성문집(聖文集) 등 모두 39권의 구약성경(舊約聖經)이 있다.

이와 같이 오래된 역사를 가지고 있는 민족이라면 그들의 손으로 엮어진 도덕적 이론서를 찾아볼 수 있는데 우리

민족은 오래 된 역사를 가지고 있으면서도 불행히 공자의 〈논어 論語〉나 제논(Zenon 금욕 禁慾과 극기 克己를 설파한 그리스의 철학자)의 도덕이지설(道德理智說), 솔로몬의 잠언(箴言)에 대등할만한 한 편의 도덕적 이론을 서술한 책이 없었다.(김득황 金得榥의 한국사상사 韓國思想史 46P에서 인용)

이에 대해 김득황은 또 인식적(認識的)인 경향이 매우 짙은 서양의 도덕사상에 비해 중국의 그것은 인식적인 것과 행위적인 것이 병존(竝存)하는 반면 우리의 그것에는 인식적인 내용은 별로 찾아볼 수 없고 실천적인 경향이 매우 강하다고 말하고 있다. 이 같은 그의 고대 동서 철학의 비교평가를 접하기 이전부터 필자 역시 상당히 고민해온 문제가 바로 이 부분이다..그래서 다시 돌아갈 수밖에 없는 중국의 고서 가운데서 그 실마리를 찾게 되었다. 비록 단편적이나마 상고시대를 살았던 우리 선조들의 행적이 나타나 있는 중국 고서는 그런 의미에서 우리에게는 우리 고대사를 복원(復元)하는 데 필수불가결(必須不可缺)한 마스타키나 다름이 없었다. 그러나 역설적이게도 현대들어 이것이 거꾸로 우리 역사를 말살하는 부메랑으로 되돌아 와 우리 목을 조이고 있는 것은 이미 누구나 다 아는 사실이다.

김득황

기록보다 실천에 강했던 고대 사상

이렇게 어렵사리 중국 고서에서 추출(抽出)해낸 선인들의 행적을 통해서 그들이 무슨 생각을 가지고 어떤 방식으로 당시 사회를 살았는가를 유추(類推 미루어 짐작함)해볼 수 있는 모자이크의 편린(片鱗)들을 발견하게 된 것이다. 그런데 놀랍게도 그 조각들을 한 데 모아 맞추어보면 이들이 구상(構想)하고 살았던 사회가 바로 홍익인간 세계가 아니었을까 다시금 돌이켜 생각하게 만든다.

예를 들면 후한서 동이열전에는 동이의 성품을 '어질고 살리기를 좋아한다. 이는 마치 만물(곡식 등)이 땅에 근거하여 산출(産出)되는 이치와도 같다'(언인호생 言仁而好生 만물지지이출 萬物柢地而出)고 하였다.

즉 이(夷)는 문자 상으로 동방, 활을 맨 대인(大人), 인(仁)의 뜻도 가지고 있다고 하는데 이와 같은 동방기인(東方氣仁) 사상, 다시 말해서 동방은 청색으로 목(木)에 봄을 나타내는 오행사상(五行思想)의 한 형태라고 사학가 김상기(金庠基)는 일찍이 그의 논문(동이東夷와 회이淮夷.서융西戎에 대對하여)에서 주장한 바 있다. 앞에서 든 대로 동이의 성품 중에 '살리기를 좋아 한다

김상기

'는 말의 뜻은 그 깊이가 너무나 심오(深奧)한데다 그 무게 또한 헤아릴 길이 없어 그 정확한 해석을 남 몰래 고심하던 차에 마침 오래 전(1977) 에 편집한 한 잡지(현정회 顯正會 발행 현정 顯正)를 뒤적이다가 심리학자이며 교육가 였던 윤태림(尹泰林, 숙명여대 총장)박사의 글(교육이념에 미친 홍익인간정신)을 통해서 비로소 이 말의 깊은 뜻에 접근할 수 있게 되었다.

윤태림

일생을 검술과 거문고 시나위(향가 鄕歌)로 물들였던 신라 제 10대 내물왕 때 사람 물계자(勿稽子)는 일상 속에서 사우(조화 調和)와 터지지(융통투철融通透徹)를 주장하고 만물의 생명의 소중함을 자각한 사람이 아니면 감히 입 밖에 조차 낼 수없는" 살려 지이다."라는 기도 사(辭)를 되풀이하면서 사람 본연의 모습을 되찾고 인간다운 생활의 극치(極致)에 이르렀던 인물이다. 그리고 그의 제자이자 당대의 악성(樂聖)으로 추앙받던 백결(百結, 정확한 뜻은 박결, 즉 '밝'이다.) 선생은 항상 풍류도(風流道)로서 판단의 기준을 삼아 언제나 "살려 지이다."를 앞세워 "사람을 살려 지이다" "물건을 살려 지이다" "힘을 살려 지이다" "재주를 살려 지이다" "나라를 살려 지이다" 등으로 생(生)의 철학을 평생의 화두(話頭)로 붙들고 있었다.그는 풍류도의 성격을 정의하기를 유교의 '정대 (正大)'와도 다르고 불교의 '원묘지도 圓妙之道), 도교의 '현허

최치원

지도(玄虛之道)'와도 다르다. 그렇다고 유불선(儒佛仙) 3자를 포함한 것도 아니고 삼교(三教)를 통합한 것도 아니고 세 가지 도를 내재적(內在的)으로 겸유(兼有)한 독특한 사상으로 풀이했다. 훗날 최치원(崔致遠)이 설파한 현묘지도(玄妙之道)를 가장 충실하고 적확(的確)하게 표현한 선각적(先覺的)인 사상가 였다.

고대 지리서 산해경(山海經, 우왕 禹王 또는 伯益의 찬(撰)?으로 전함) 권6 해외동경(海外東經)에는 君子國 在其北(大人國北) 衣冠帶劍 食獸 使二大虎在旁 기인호양부쟁 其人好讓不爭 유훈화초조생석사 有薰花草朝生夕死一曰在肝楡之尸北)이라고 하였다. 즉 '군자국 사람들은 양보하기를 좋아하여 서로 다투지 않는다.'하고 그 나라에는 아침에 피었다가 저녁에 지는 훈화초(薰華草,무궁화를 가리킴)가 있다고 하여 동이가 곧 한민족의 연원임을 애 둘러 증명해주고 있다.

또한 신이경(神異經, 한(漢)의 동방삭 東方朔 찬, 진(晉)의 장화(張華) 주(注)라고 제(題)함)에서는 '서로 범하지 않고 서로 기리며 헐뜯지 않고 우환이 있는 사람을 보면 죽음을 무릅쓰고 구해준다(불상범 不相犯 상예이 相譽而 불상훼 不相毁 견인유환투사구지 見人有患投死救之)라고 하였다. 다시 말해서 이는 살신성인(殺身成仁)의 도를 일깨워주고 있는 살아 있는 생생한 기록으로 글자 한 자 한자마다 홍익인간 정신의 발로(發露)가 아닌 것이 없다.

동이(東夷)는 중원의 지배자였다.

중국 상고대의 전설적 제왕 순(舜)임금이 동이(東夷)인이라는 것은 맹자(이루장구 離婁章句 下)에 나와 있는 말이다. 순은 지금의 산동성 하택현(荷澤縣) 남방 50 리에 있던 지명)에서 태어나 부하(負夏 지금 하남성 위휘부(衛輝府)의 지명)로 옮겼다가 명조(鳴條 지금의 산동성 정도현(定陶縣) 부근)에서 돌아가니 동쪽 변비(邊鄙 변방의 땅) 사람, 즉 동이인 이라고 하였다.

순임금

논어(論語) 자한(子罕)편에 보면 공자가 구이(九夷)에 살고 싶다고 하였다(孔子欲居九夷也)고 했는데 안사고(顏師古 581~645)는 한서(漢書) 지리지 주석에서 공자가 뗏목을 타고 가겠다(승부부해 乘桴浮海, 논어 공야장 公冶長편)고 한 구이는 곧 동이로 그 나라에 인현(仁賢)의 교화가 있는 까닭이라고 해석하였다. 이와 같이 공자가 동이의 나라를 그리워하였다는 기록은 있으나 공자자신이 동이라는 기록은 찾기 힘들다. 그런데 공자의 고장인 옛 노(魯)나라 땅인 산동성 곡부(曲阜)에 지금도 살고 있는 공자의 후손들 몸에서 동이의 특징이라고 할 수 있는 몽고반점이 예외 없이 발견되었음이 최근 확인되었다. 이 인류학적인 증거는 2007년 가을 석전(釋奠 공자에게 지내는 제사) 행사에 참석하기 위해 곡부(曲阜)를 찾은 인제(仁濟)대 교수 진태하(陳泰夏) 일행에 의해 직접 확인되었다는

안사고

것이다. 필자가 그에게 재확인을 구했을 때 그는 "그 때가 언제인데 '몽고반점'이라는 표현은 옳지 않다"며 "동이 반점이라고 해야 정확한 표현"이 될 것이라고 설명 해주는 것이었다. 한편 동양철학자 김충열(金忠烈)은 공자의 이런 인류학적인 확률을 넘어 그가 본래 은(殷)의 후예임을 들어 그 효(孝) 사상과 종교 제사문화를 인습하여 심성(心性)을 뿌리로 하는 주(周)나라의 도덕문화를 일으켰는데 공자가 이를 집대성하여 유교문화를 개창하게 된 것이라고 그의 〈중국 고대철학사〉를 통해서 증언하고 있다. 이 때 중국본토로 진입하여 하(夏) 나라를 무너뜨리고 개창한 은(殷 상 商이라고도 함)은 바로 동이의 한 갈래로 한(韓)민족의 원조(遠祖)라는 것은 다 아는 역사적 사실이다.

공자

진태하

김충열

.그런데 우연찮게도 이들이 나서 죽은 생몰지가 모두 지금의 산동성 옛 제(齊) 로(魯) 지역이라는 것이다. 이 지역에는 곡부 말고도 우선 문산(汶山 근교) 치우천왕 묘소를 비롯하여 단군 탄생 설화를 돌에다 새긴 무씨(武氏) 사당(嘉祥현소재지 동남방 삼십리) 화상석(畵像石), 그리고 청주(靑州) 고구려 이정기(李正己) 장군의 기념관 등 과거 동이계 인물들의 유물 유적이 유난히 많은 곳이다. 당나라 때 산동 평로(平盧)에서 고구려 유민의 아들로 태어난 이정기는 한 때 15개 주를 얻어 법령을 정비하고 부세(賦稅)를 고르게 하는 등 독립적인 제후국의 지위를 누리다 49세를 일기로 일찍 병사하면서 아들 납(納)에게 그 기반을 물려주어 다스리게 하였다고 전한다. (李正己 항목 집필자 卞麟錫 한국민족문화대백과 권 18, 213쪽 좌중간)

중국 산동 반도는 원래 동이의 고지(故地)라는 선성(先聲)대로 유난히 우리 고대사와 직간접으로 관련된 고적이 많다. 필자가 처음으로 중국(본토 本土)에 간 것이 2004년 가을 바로 산동 반도 일대 고적지이다. 그것도 처음에는 현지의 지리적 예비지식이 빈약했던 탓에 뚜렷한 목적지를 미리 결정하고 답사팀을 꾸린 것이 아니었다. 우연찮게도 이 계기를 마련하게 된 것은 식민사학의 대부로 일컬어지던 원로 사학자 이병도(李丙燾 1896~1989)씨 덕분이었다.

앞으로 별항 기사로 다루게 되겠지만 그가 말년에 재야 사학계의 비난과 매도(罵倒 몹시 꾸짖다)에 시달리던 끝에 드디어 일종의 역사 전향(轉向) 선언을 할 할 무렵이었다. 그 때 그는 와병 중이었는데 어느 날 병석에 누운 채로 난데없이 "(산동에 있는) 무씨(武氏) 사당 그림을 꼭 한 번 보아야 할 터인데....." 하고 되뇌는 것이었다. 그런데 당시만 해도 아직 중국과의 국교(1992)도 열리기 전인데다 설사 여건이 허락한다 해도 병상의 몸으로 어찌 해볼 도리가 없는 그런 상황이었다. 지금 돌이켜 생각해보면 문헌사학(文獻史學)으로 일가를 이룬 그가 자신의 학문적 소신을 재정립하는 과정에서 2천 여 년 전의 이 고고학 자료를 통해 문헌 사학의 한계를 극복할 일종의 돌파구를 기대했던 것이 아니었을까 하는 생각이 들기도 한다.

이병도

치우(蚩尤)를 제 조상으로 바꾼 중국의 음모

이 그림(화상석)을 처음으로 우리나라에 소개한 학자는 해방 후 고고학 1세대로 꼽히는 역시 이병도씨의 제자인 김재원(金載元 국립중앙 박물관장 25년 역임)이다. 그가 1947년에 〈단군신화 檀君神話의 신연구 新硏究〉라는 논문

김재원

을 작성하면서 '무씨사 武氏祠 석실石室의 화상석 畵像石에 보이는 단군신화 檀君神話' 편에서 이 문제를 구체적으로 다루고 있는데 이것이 바로 이 씨가 그렇게 보고 싶어 했던 화상석이다. 2004년이면 이 씨는 이미 타계(他界)한 뒤였지만 나의 산동 답사의 직접 동기라고 하여도 과언이 아니다. 그 첫 방문지가 치우(蚩尤)천황 능(현지에서는 치우총 蚩尤冢으로 낮춰 부름) 이다. 한 때 공자가 재(宰 지방 수령)를 지냈다는 중도(中都)라는 옛 이름의 문상(汶上) 근교에서다. 전설적인 전쟁영웅 치우의 용맹과 신통력을 두려워한 황제(黃帝 중국의 역사 상 시조)는 사로잡은 치우를 일곱 토막으로 육시처참(戮屍處斬)하여 각각 따로 묻었는데 머리가 묻혔다는 문상의 치우능이 말하자면 수능(首陵)인 셈이다. 움이 튼지 얼마 안 되는 듯 파랗게 물들어가는 밀밭이 이랑이 끝없이 달려가는 넓은 들판 한 복판에 흙을 끌어 모아 만든 자그만 동산 같은 무덤(높이 약 7~8m)에는 잔디를 입히지 않아 지난여름 노바기로 흘러내린 빗물 자국이 골을 이루어 여기 저기 흉물스럽게 드러나 있다. 해자(垓字 능 묘 등의 경계)를 두른 듯 무덤 둘레를 감고 돌아가는 조그만 도랑물 밖에 '蚩尤冢'이라고 새긴 청나라 때 세웠다는 높이 3m

치우

가량의 용두(龍頭) 석비가 있고 4.5m 쯤 앞 쪽에 높이 1m 쯤 되는 이 지방 지정문화재 표지석이 서 있다. 표지 석에는 '치우는 황제 염제(炎帝 중국의 전설 상 화신 火神)와 동시대 사람으로 부락(部落) 수령이자 민족 영웅'이라는 간단한 명문(銘文)이 새겨져 있다. 무덤과 비석과 표지석 등이 모두 개방 바람을 타타고 몰려드는 한국인 관광객을 위해 급조한 듯 엉성하고 부자연스러운 흔적이 군데군데 엿보인다. 원래 중국인들에게 치우는 그들이 정통 시조로 받드는 황제(黃帝)에게 도전한 난적(亂賊)으로 마치 악의 화신처럼 묘사되고 있는 난적의 괴수(魁首)로 못 박혀 있다. 그런데 어느 날 갑자기 이 적장을 중국의 세 조상 가운데 하나로 받들어 황제와 중원의 패권(覇權)을 다투던 탁록(涿鹿) 대전의 현장에 세운 중화 삼조당(三祖堂) 안에 황제 염제와 나란히 모시는 중국인다운 로 역발상(逆發想)의 극치를 연출 하고 있다. 환부역조(換父逆祖 후손 없는 양반집 가계 家系를 이어서 자기 아비 할아비를 바꿈)란 바로 이를 두고 하는 말이다. 중국이 소수민족 병합포용책의 일환으로 추진 중인 동북공정(東北工程)의 치밀하게 짜여진 로드맵에 따라서 한민족 역사 말살의 단초(端初)는 이렇게 열리기 시작한 것이다.

화상석(畵像石)에 새긴 홍익인간

답사 3일째 되던 날 물어 물어서 산동성 가상현(嘉祥縣) 소재지에서 30리 무적산(武翟山) 아래 무진리라는 마을 입구에 이르렀을 때 비로소 우리나라 정문(旌門)에 해당하는 무씨사당 석문이 나타났다. 이 사당의 최초 건립연대는 한(漢)나라 건화(建和) 원년(서기 147년) 전후라고 한다. 후세에 하수(河水)가 범람하여 흙 속에 묻혔던 것을 청(淸)나라 건융(乾隆) 51년(서기 1766년) 황역(黃易)이라는 자가 발굴하여 벽돌로 사당을 세우고 내부 벽에 화상석을 끼워 전해내려 왔다고 하는데 문화혁명 이후 국가 문화재로 지정되어 일반에게도 공개되고 있다고 한다. 사당 두 번째 석실에서 문제의 화상석을 발견하고 먼저 사진을 찍으면서 김재원의 책자에 나와 있는 순서대로 그림을 확인하려하였으나 처음엔 실내라 어둡고 2천년 세월에 그으른 석각(石刻)이 너무 마모(磨耗)되어 얼른 식별이 되지 않았다. 그래서 책자에 첨부되어있는 석각 그림과 일일이 대조를 하여 찾아낸 그림 중에서 가장 핵심적인 화상석 몇 장을 골라서 현장 안내원에게 먼저 해석을 구했다. 김재원의 고고학적 해석과 비교를 해보기 위해서 였다. 화상석은 동서남북 네 벽에 26매가 끼워있는데 석실 정문에서 오른 쪽, 그러니까 동쪽에 걸린 화상석에 대해서 그것은 무씨 집안의

황역

장례의식을 표현한 것이라고 말하고 구름무늬에 대해서는 망자의 영혼이 승천하는 것을 상징하는 것이라고 모두 무씨 집안의 일로 축소 해석하는 것이었다. 그러나 김재원의 논문에서는 〈삼국유사〉에 나오는 단군 탄생설화 기사의 도입 부분 부지자의(父知子意) 하시삼위태백 가이홍익인간(下視三危太白 可以弘益人間) 내수천부인삼개견왕이지(乃授天符印三個遣往理之)와 8부 가량이 부합(符合)되는 장면으로 보고 있다. 그리고 구름 위에서 지상을 내려다보고 있는 두 사람 중 수염 있는 남자가 환인(桓因) 천왕이고 맨 밑 지상에서 천사(天使 사자 使者) 넷이 붙들고 있는 3개의 원형판이 천부인 3개라는 것이다. 이렇게 화상석 하나에 단군탄생설화 전편이 석각으로 그려져 있다고 해석한 것이다. 그리고 김재원은 이 화상석에 관하여 청조(淸朝) 도광(道光) 2년(1829년)에 풍안해(馮晏海)라는 학자가 출판한 〈금석색 金石索〉을 저본(底本)으로 하여 프랑스 학자 에두아르 샤반(Edouard Chavanes)이 연구 소개한 것을 주로 참고하였다면서 논문 작성에는 은사 헨제(Hentze,carl)의 조언과 지도를 받았다고 밝히고 있다.

한(韓)민족사 침탈(侵奪)한 동북공정

역사의 여명을 밝힌 아득한 상고대에 지금의 내몽고 적봉

(赤峰) 일대에서 인류의 시원문화로 일컬어지는 홍산(紅山) 문화를 일구어낸 동이는 요하하류 발해만 일대의 보다 기름진 땅에서 한동안 정착 생활을 하다가 세(勢)가 불어나자 그 한 갈래가 만주 대륙과 한 반도로 이동하고 다른 한 갈래가 해로와 육로를 통해서 산동(山東)반도로 진입하여 산동 동이를 형성하게 되었다고 한다.(고조선 신화에서 역사로 이형석 이종호 공저 2009)

이 이 보다 앞서 황하 하 (下)유역에서 일어나 동북의 산동과 하남 하북으로 서진(西進)을 꾀하던 중국의 정통민족 세력과 산동 동이(회이 淮夷와 서융 徐戎을 주축으로 하는) 와의 충돌은 어쩌면 피할 수 없는 역사 발전의 필연(必然)이라고도 할 수 있을 것이다.

그러나 우리나라 주류 사학계에서는 이런 역사적 사실을 거론하는 것 자체를 꺼리는 가하면. 마치 우리와는 아무 상관없는 일인 것처럼 강 건너 불 보듯 방기(放棄)하고 있다는 것이다..하기야 단군 조선 4천년도 부정하는 그들이 동이의 7000년 역사를 받아드린다면 스스로의 학문적 기반을 부인하는 자충수가 될 터이니 어찌 해볼 도리가 없을 것 같다는 생각이 들기도 한다..

이렇게 그 후손들에게 조차 인정을 받지 못하고 있는 동이 문화란 요하(遼河) 중상류 일대에서 중국에 의해 발굴됨으로서 밝혀진 이른바 홍산(紅山)문화를 두고 하는 말이다. 넓은 의미의 요하문명이다. 이는 원래 장성(長城) 밖 동쪽 오랑캐, 즉 동이(東夷)의 땅에서 일어난 문화라고 해서 예의 화이관(華夷觀)에 입각하여 맹자가 그랬던 것처럼 야만시했던 오랑캐 문화로 중국도 처음에는 거들 떠 보기조차 하지 않았었다. 그런데 어느 날 갑자기 태도를 바꾸어 지금까지 그들이 시원(始原) 문화로 내세웠던 세계 4대 문명의 하나인 황하(黃河) 문명을 버리고 이보다 최소 1500년에서 최대 3500년이 앞서는 요하문명을 그들의 시원문화로 바꿔치 해 버렸다. 이를 빌미로 해서 중국은 세계 최고(最古)의 시원문화를 가진 나라로 거듭난 것처럼 자랑하게 되었다. 중국문명의 기원을 탐색(探索)하는 이른바 중화문명 탐원(探源)공정(2004~2015)을 통해서 온 세계에다 대고 목청을 돋우었다.

'여고동시(與高同時)'의 요(堯) 왕성 발굴

이에 앞서 추진된 동북공정(2002~2007)은 우리 역사, 중에서도 특히 상고사를 침탈하기 위한 이미 예견된 수순(手順)이었다. 그 결과 홍산 문화의 원 주인인 동이족을 대신해서 중국 역사상의 시조인 황제(黃帝)와 그 종족, 즉 중화족을 시원 족으로 끌어다 앉히고 기존의 우리 상고역사, 단군과 부여 고구려 등의 역사는 모두 황제 족에게 종속된 동북 소수민족의 지방정권 역사로 끌어내렸다. 엄연한 남의 나라 상고사의 해체작업을 추진한 것이다. 그런데도 우리 고고(考古) 역사학계의 이에 대한 반응은 글자 그대로 묵묵부답이다. 손 놓고 멀뚱멀뚱 바라만 보고 있다는 이야기다. 그 중에도 특히 단군에 대해서는 아직도 신화(神話) 운운하는 이른바 식민사학의 미몽(迷夢)에서 깨어나지 못하고 있으니 중국으로서는 가만히 앉아서 굴러들어온 떡, 그냥 먹기만 하면 되는 것을, 굳이 마다 할 턱이 없다. 이렇게 해서 빤히 눈뜨고 빼앗긴 역사가 자그마치 2천년이다. 이런 경우는 빼앗겼다 기 보다 갖다 바쳤다는 표현이 오히려 더 어울릴 넌지 모른다.

더욱이 안타까운 것은 〈삼국유사〉 고조선(古朝鮮) 편 첫머리 기사 중 '2 천 여 년 전에 단군왕검(檀君王儉)이 있어 도읍을 아사달(阿斯達)에 정하고 나라를 개창(開創)하여 조선(朝鮮)이라 일컬으니 고(高 요 堯의 대자 代字 당시 고려 정종 定宗의 휘 諱(이름 요 堯)를 피한 소위 피휘 避諱다) 와 동시대라고 하였다.'고 한 그 요의 실체가 최근 역시 중국의 발굴로 밝혀지고 있다하니 동시대의 단군 역사도 이제 더 이상 신화(神話)의 울안에 가두어 둘 수 없는 새로운 계기를 맞게 되었다. 주변 환경이 이렇게 급변하고 있는데 우리는 아직도 신화 타령만 하고 있으니 한심하다 못해 비애(悲哀)를 느낀다.

요 임금

요하문명, 홍산문화 연구에 독보적인 경지(境地)를 개척한 우실하(禹實夏 한국항공대교수)에 따르면 중국이 2004년부터 중화문명탐원(探源)공정의 일환으로 발굴을 시작한 도사유지(陶寺遺址 산서성 山西省 임분시 臨汾市 양분현 襄汾縣 도사진 陶寺鎭 도사향 陶寺鄕 소재)에서 300만 평방미터가 넘는 거대한 왕국단계의 도성 유적을 발견했는데 시기는 서기전 2500년에서 1900 년으로 지금까지 전설시대로만 알려졌던 요(堯)임금의 왕성인 평양(平陽)으로 밝혀지면서 '역사시대로 진입한 '최초의 중국'으로 기록되게 되었다는 것이다.

우실하

바로 이와 대(對)를 이루는 조선의 단군에 대해서는 그 후손들이, 즉 동(同)시대를 사는 바로 우리의 이른바 주류 고고 역사학계가 그는 실존한 한(韓)민족국가 건국의 시조라고 떳떳하게 내세우지 못하고 어물어물하는 사이, 동이(東夷)의 옛 땅에서 일어난 우리의 시원문화와 단군 조선을 비롯해서 부여(夫餘) 고구려 발해(渤海)로 이어지는 상고사를 송두리째 빼앗길 위기에 직면하고 있다. 이런 경우를 두고 아마 게도 구럭도 다 놓친다는 속담이 생겨났는지도 모른다.

이렇게 한 번 승기(勝機)를 잡은 중국의 행보는 그 이후 거침없이 직진하고 있다. 그 첫 작업이 국사수정공정(國史修正工程 2010~2013)이다. 전설의 제왕인 황제(黃帝)로부터 명나라가 멸망한 1644년까지 역대 왕조의 역사를 기술한 〈24사(史)〉를 20년(1958~1978)에 걸친 대장정(大長程) 끝에 공인 역사서로 이미 출간하였고 정사(正史) 기록에 대한 수정작업도 2013년에 그 첫 책인 〈사기〉를 이미 출판한 상태다.

중국은 이와 같은 그들의 역사적인 수확(收穫?)을 굳히기 위하여 중화문명선전(宣傳) 공정을 가동하여 대대적인 선전 공세를 전개하는 한편 이를 또 전 세계에 전파(傳播)하는 중화문명전파공정(2016~2020)을 국내외 매체를 총 동원하여 밀어 붙이고 있다. 중화문명을 세계 중심문명으로 위치시키기 위한 국가전략이다.

우리나라 한자(漢字)음과 중국 고음(古音)

동이족 중에서도 주류 족에 속하는 한민족의 조상인 맥(貊)을 훈음(訓音)으로 밝 또는 박이라하고 발(發)을 발로 보아 같은 부족 명에 대한 한자이사(漢字異寫)라고 보는 것은 우리들 자신이 알타이 어족(語族)임으로 그 부족 명 또한 알타이어로 불리었을 것으로 보고 그것을 중국인들이 다시 한자를 음차(音借)하여 표기한 것인데 이 때 우리나라의 한자음이 대체로 중국 고음(古音)에 가깝다고 보는 것을 그 전제로 하고 있다.(김정학 金廷鶴의 논문 '중국문헌에 나타난 동이족' 중에서)

그런데 신기하게도 그 한자음(훈음 訓音을 말함)이 우리말과도 상통하고 있음이 자주 발견되어 동이족의 뿌리는 실로 깊고 그 연원(淵源) 또한 멀다는 것을 알 수 있다. 우선

김정학

동이(東夷)라는 명칭만 하더라도 중국의 한자음으로 '둥이'라고 하는데 이 말은 곧 사람이라는 뜻이다. 글자 그대로 활을 맨 대인(大人)으로 보통 해석하는데 동이인의 일반적인 모습이 이와 같았음으로 이를 곧 '사람'이라는 보통명사로 보아 '둥이'라고 한 것인데 오늘날 남아있는 이 말의 흔적은 얼굴이 검은 사람 흰 사람 할 때의 '검둥이''흰둥이' 또는 '바람둥이'의 '둥이 그 대표적인 예다.. 다시 말해서 동이인은 일정 문화수준을 갖춘 당시의 표준 사람으로 수적(數的)으로도 다른 종족에 비해서 월등히 많았음을 알 수 있는 대목이다.

예를 하나만 더 들면 중화민국의 국사교과서 맨 첫머리에 등장하는 이른바 시조 황제(黃帝)의 이름이 헌원(軒轅)인데 그가 태어난 하남성 신정현(新鄭縣)에 있는 '헌원(軒轅)의 언덕(丘)'에서 유래한다고 한다. 그가 태어난 마을 이름인데 원래 우리말로 해가 뜰 때 밝아오는 훤한, 즉 해가 뜰 때 제일먼저 햇빛이 비치는 밝은 언덕의 뜻으로 쓰였다고 한다. 헌(軒)의 집운(集韻)이 허언절(虛言切)인데 모두 원(元) 원(願) 등으로 끝나면서 발음기호 hsuan1과 합치면 이 한 글자만으로도 '훤'을 나타낼 수 있다. 거기에다 원(轅) 역시 우원절(于元切)에서 원(元)

황제

으로 끝나고 발음기호 yu¨an2을 합치면 '원'을 길게 발음하여 우리 말 '훠`~ㄴ(한)'이 되는 것이다. 그래서 일부 성급한 사람들은 황제도 동이인 아니냐고 반문하는 사람이 있으나 이는 고대에 우리, 즉 동이인 들의 세력이 산동 반도 일대는 물론 인근 하남 하북 등 남북에 걸쳐 살았고 원래 사이(四夷 남만 南蠻 북적 北狄 서융 西戎 동이)들에게는 '금기(禁忌)의 땅'으로 불렸던 중원(中原,4관문 안의 이른바 관중 關中 땅)에까지도 깊숙이 뻗쳐 있었다는 증거라고 할 수 있다.

앞서 공자도 동이인이라는 인류학적인 증거를 후손들의 신체적 특징을 통해 유추(類推)할 수 있었거니와 이번에는 동일 식생대(植生帶)를 형성하고 있는 자연 생태계를 통해서 동이의 활동 무대를 가늠할 수 있는 가장 확실한 과학적인 증거를 제시하려고 한다.

중국 역사상 최초의 백과사전으로 일컬어지는 이아(爾雅, 곽복 郭璞 注 형호 邢昺 疏)석목(釋木)편에 약재수(藥材樹)인 느릅나무(무고기실이 無姑其實夷) 항목 주석을 통해서 이 나무가 연(燕)에서 난다(무이생어연 蕪夷生於燕)하고 지금 이 나무가 유일하게 산출되는 곳은 고려(도주 陶注 금유출고려 今惟出高麗)라고 기록하고 있는 것이다. 한 식생대(帶)라고 하는 것은 경계를 서로 맞대고 있으나 같은 지역이라는 뜻이 되기 때문에 이 때 고구려는 연(燕)나라와 맞붙어 있었다는 결론에 이르게 된다. 이 당시 연은 지금의 하북 남만(南滿), 즉 요서(遼西)를 그 영토로 하여 옛날의

계(薊) 땅, 지금의 북경(또는 북평)에 도읍하고 있었을 때를 말한다.

홍범구주(洪範九疇)와 홍익인간

홍익인간이 한민족의 중심 사상이라면 홍범구주(洪範九疇)는 중국 고대 주(周)나라에 의해 집성(集成)된 그 선대인 하(夏) 은(殷) 사상의 결정체라고 할 수 있다. 이승휴(李承休)의 〈제왕운기(帝王韻紀)〉 권 하 후조선기(後朝鮮記)에 의하면 은을 멸망시키고 천하를 통일한 주나라의 무왕(武王)이 은의 유로(遺老)인 기자(箕子)를 찾아가 물었다는 천하 다스리는 법이 바로 홍범구주다. 그래서 제왕학(帝王學)이라는 이름으로도 불린다.

〈제왕운기〉는 기자를 단군의 전조선(前朝鮮)과 대비되는 후조선의 시조라고 지칭하고 있다. 상서(尙書), 주서(周書) 홍범 편에 나오는 홍범구주는 쉽게 풀이해서 '아홉 항목으로 된 큰 줄기 되는 법도 (法度)'라고 하였다. 즉 아홉 항목의 대법(大法)을 이르는데 이를 항목별로 설명하면 첫째가 인간이 생활하는데 필요한 자연물질은 오행(五行)으로부터 생성되고 둘째 사람이 자신을 세우고 외부와의 교통을 매개하는 것은 오사(五事), 즉 모(貌,모습) 언(言) 시(視) 청(聽) 사(思)이며 셋째로 인간이 사회 또는 국가를 경영하는데 필요한 부서인 팔정(八政)은 식(食) 화(貨) 사(祀 국가적 의식 儀式의 관장) 사공(司空 토목 건설) 사도(司徒 학생 교육) 사구(司寇 치안) 빈(賓,외교) 사(師 국방)이고 넷째 인간이 천문의 질서를 파악하는데 필요한 역법인 오기(五紀)는 세(歲) 월(月) 일(日) 성신(星辰) 역수(曆數)이다. 다섯째 많은 무리를 다스리는데 필요한 구심점과 그 구심점에서 만물 만사를 공명정대하게 처리하는 최고 최적(最適)의 원리는 황극(皇極, 천지의 큰 도(道)이요 인간됨의 근본)이다. 여섯째 개인의 처신에서부터 남과의 관계 또는 모든 사람과의 공동생활에서 필요한 것은 삼덕(三德 정직과 강극 剛克 강한 정신과 용기) 유극 (柔克 외유내강 형의 정신적 강자)이고 일곱째는 큰 의문(疑問)이 있을 때 그것을 해결하기 위해 복서(卜筮 길흉을 점치다) 또는 의견을 수렴하는 방법으로서의 계의(稽疑, 우 雨 제 霽 몽 蒙 역 驛 극 克 정 貞 회 悔 등으로 기상 상태나 길흉을 점치다.), 여덟째 농경에 필요한 여러 가지 기후와 기상을 파악하는 서징(庶徵, 우雨 역 暘 청명 오燠 더위 한 寒 풍 風)을 들고 있다 마지막 아홉 번째는 인간의 운명에 관한 것으로 오복(五福,수 壽 부 富 강녕 康寧 유호덕 攸好德 좋은 품덕 品德을 갖춤 고종명 考終命 제명대로 살다가 편하게 죽음)과 이에 반대되는 육극(六極, 질 疾 우 憂 빈 貧 악 惡 약 弱)이다. 앞에서 든 여덟 가지 대법이 잘 행해졌느냐의 여부는 백성이 겪는 화복 여부로 판명이 된다고 보았으며 백성들의 삶이 오복을 갖추어 행복해지면 정치가 잘 되었다는 증거이고 반대로 육극을 당하여 민생이 곤고하면 정치가 잘못되었다

는 증거로 보았다.(김충렬의 중국철학의 원류 2. 중국철학의 배태기 胚胎期 중에서)

홍익인간은 통(通)시대적 사상

이상에서 본 홍범구주는 인간의 자기 성립으로부터 자연파악, 정치부서의 설치, 개인의 생활, 그리고 자연에 대한 관찰과 같은 농경에 대한 제반 조치들, 의문점에 대한 계의(稽疑 의문점을 상고 詳考하다. 즉 참고 參考함) 등 모든 방면에 대해서 물샐 틈 없는 그물을 편 것처럼 치밀하고 섬세하다. 그리고 그 실용적인 개인과 국가운영의 설계를 통해서 과연 중국 민족의 막강한 저력을 느끼게 한다. 그래서 고려나 조선시대의 식자(識者)들은 대부분 우리들의 고유사상인 홍익인간은 잘 몰라도 중국이 원산지인 홍범구주에 대해서는 훤히 꿰뚫고 있었을 정도였다. 이는 사대적(事大的)인 의식의 발로 때문이라기보다는 이른바 식자(識者)들 사이에 홍익인간이 그만큼 덜 알려져 있었다는 증좌(證左)이기도 하다. 제 손안에 들어있는 진짜 금화는 미처 식별할 염(念)조차 없이 남의 손 안에 들어있는 은화(銀貨)에만 정신을 판 우리 특유의 묻지 마 식 외래 선호 풍조를 적나라하게 보여주는 현장이다. 흙 속에 묻혀 있다 이제 막 캐낸 보석처럼 홍익인간은 그만큼 덜 알려져 있었으나 그렇다고 그 진가(眞價)가 훼손되거나 어디로 증발된 것은 물론 아니다. 홍법구주도 훌륭한 사상이기는 하다. 그러나 그것은 고대 중국의 시대적 배경의 한계를 넘지 못하고 있는 고대 농업사회의 개인과 공동체의 윤리라고 할 수 있다. 반면에 홍익인간 역시 중국의 주나라 시대와 거의 동시대에 동이족에 의해 창발(創發)된 사상이지만 시대의 한계를 뛰어넘는 통(通)시대적 사상으로서의 가치를 발휘하고 있다는 데서 그 특징과 위대성을 재발견할 수 있다. 이 글 제목이 말하는 것처럼 홍익인간은 한민족의 시원으로부터 그 후 봉건시대와 민족국가시대 현대 들어서는 산업화 시대를 거쳐 정보화 시대, 국제화시대, 우주 개척시대에 이르기까지도 그 인류 보편적 가치는 여전히 빛을 발하고 있다. 그것은 인류가 영원히 지향해야 할 손익괘(損益卦)의 평등 원리를 그 속에 품고 있기 때문이다.

춘추대의(春秋大義)의 허(虛)와 실(實)

은허(殷墟)에서 발굴된 갑골 문자를 넘어 그 이후 이 시대의 기록물들은 대부분 이른바 화이관(華夷觀)을 앞세운 중국 역사의 정통성을 강조하는 데 할애(割愛 아낌없이 나누어 줌)되고 있다. 그만큼 두 세력의 소장성쇠(消長盛衰)가 무상하하기 때문에 치열한 경쟁의식으로 자신의 우월성을 과시하기 위해 만이(蠻夷)의 역사와 문화를 멸시하는 풍조가 만연하고 있었을 때다. 우리 선인들이 마치 전가(傳家)의 보도(寶刀)처럼 휘둘러대던 춘추필법(春秋筆法)이나 춘추대의(大義)같은 명분론도 알고 보면 중국이 다른 민족으로부터 정복당하거나 패배 한 치부(恥部)를 들어내거나 은폐(隱蔽)하는 이른바 위중국휘치(爲中國諱恥) 필법 이었던 것이다. 사마천(司馬遷)이 쓴 사기(史記) 역시 그 전례를 충실히 따라 계춘추(繼春秋 춘추 사상을 계승)하였음은 물론이고 특히 한민족에게는 공자로부터 비롯된 스스로 자신을 욕되게 하는 이 인습(因襲 전래대로의 습속을 좇아 고치지 않음)이 2천 년이 지난 오늘 날까지도 아무렇지 않게 그대로 답습(踏襲)되고 있다. 소중화(小中華)를 자처해서 면죄부(免罪符)를 얻었다고 자위(自慰)할는지 모르지만 그렇다고 저들이 야만시 했던 동이라는 멍에에서 자유로울 수는 없는 것이다. 동이의 동계(同系)족 은(殷)나라 태생인 공자가 자신의 뿌리를 부정하고 배반했다는 말을 듣는 이유도 바로 여기에 있다. 그러나 이에 대해 김충렬은 어디까지나 근시적(近視的)인 시각에서 볼 때 그렇다는 것이고 거시적(巨視的)인 안목으로 다시 보면 공자는 오히려 민족을 초월하여 인류를 위한 문화를 사랑했고 자기 뿌리를 부정하지는 않았다고 말하고 있다. 공자는 죽음에 임해서 자신은 은(殷)나라 사람임으로 은나라 예(禮)에 따라 장사

사마천

지내달라고 할 만큼 자기 동일성(同一性)을 철저하게 지킨 사람이라고 공자의 이중성을 옹호하였다.

주(周)나라 조세의 반만 받은 부여

〈맹자(孟子)〉의 고자장구(告子章句下)에 이런 구절이 있다. 하루는 주(周)나라 사람 백규(白圭)가 맹자에게 '세법을 바꾸어 전체 수확량의 20분의 1을 취하고자 하는데 어떻게 생각하십니까.'라고 물었다. 그러자 맹자는 그 자리에서 '그대의 방법은 오랑캐의 도(道)이다'라고 못 박고 그 오랑캐를 다름 아닌 맥(貊)이라고 지칭하였다. 앞에서도 가리켰다시피 맥(貊)은 바로 동이의 주류이고 한민족의 원조(遠祖)되는 뿌리이기도 하다. 당시 주나라에서는 전체 수확량의 10분의 1을 조세로 거두었다하니 맥과의 격차가 무려 2배에 이른다. 이렇게 편차(偏差)가 심한 이유에 대해서 맹자는 또 이렇게 말한다..

맹자

'맥국에서는 오곡이 자라지 않고 오직 기장(초지 草地에서 자생하는 수수와 비슷한 곡류 穀類)만이 자라니 성곽과 궁실(宮室)과 종묘와 제사의 예(禮)가 없으며 제후들과 폐백(幣帛)을 교환하고 음식을 대접하는 일이 없으며 따라서 백관과 유사(有司)를 두지 않아도 되기 때문에 20분의 1만

거두어들여도 족하다.'고 하였다. 말하자면 그들은 문물제도가 갖추어져 있지 않은 야만족이기 때문에 천자 국으로서의 예절을 갖추는데 소요되는 비용이 들지 않는다는 이야기다. 그러나 이 말은 앞서도 인용한바 있지만 공자가 '도(道)가 행해지지 않으니 뗏목을 타고 구이(九夷), 즉 동이에 가서 살고 싶다'고 한 말과도 정면으로 배치된다. 그 나라에는 인현(仁賢)의 화(化,교화)가 있기 때문이라고 한 안사고(顔師古) 주석이 아니더라도 당시 동이의 문물이 얼마나 융성(隆盛)하였었는 가는 여러 중국 문헌들에 잘 나타나 있다.

한자문화권에서는 그 권위를 평가받고 있는 일본의 대한화사전(大漢和辭典,諸橋轍次 편찬 編纂 일명 모로바시 사전)은 맥(貊)의 나라 이름을 부여국(夫餘國)이라 비정하고 그 위치에 대해 산해경 해내서경(海內西經)을 인용, 맥국이 한수(漢水) 동북에 있다하였다. 그리고 부여국이 곧 예맥(濊貊)의 옛 땅이라고 주석하고 있다. 다시 예맥의 옛 땅의 위치에 대해서는 '장성(長城) 북쪽, 현토(玄免)에서 천 여리 떨어진 곳에 있다는 것으로 보아 한 반도 내의 한수(漢水, 한강)가 아닌 것은 분명하다.

후한서 동이열전 부여 조에 보면 '부여는 '동이 중에서도 가장 평탄하고 넓은 곳으로 토질은 오곡이 자라기에 알맞다.' 하고 목책을 둥글게 두른 성(실제로는 목책이 아니고 석성 石城이었다고 한다.)을 만들고 궁실과 창고와 감옥이 있다고 하였다. 그리고 음식을 먹고 마시는 데는 조두(俎豆, 제기 祭器의 이름)를 사용하며 회합을 가질 때는 배작

(拜爵,술잔을 앞에 놓고 서로 인사하는 예 禮) 세작(洗爵, 술잔을 씻는 예)의 예가 있고 출입 시에는 읍양(揖讓,서로 읍하고 사양하다)의 예가 있다고 하였다. 납월(臘月, 음력 12월)에 지내는 제천 행사에는 연일 크게 모여서 마시고 먹으며 노래하고 춤추는데 그 이름을 영고(迎鼓)라 한다 하였다. 중고교 국사에서 배운 한국인이면 누구나 다 아는 바로 그 영고다.

공자가 설파한 손익괘(損益卦)의 논리

아시아에서 한민족과 가장 친연성(親緣性)이 깊은 종족으로 알려진 몽고족과 퉁구스족이 유목 생활 또는 반(半)유목생활로 통일된 고대국가를 형성하지 못한 반면에 그 한 지파인 한(韓)족만이 일찍부터 농경을 주로 하는 정착(定着)생활로 강대한 고대국가를 형성하고 문화를 발달시켰던 것이다.(김정학의 논문 '중국문헌에 나타난 동이족' 중에서) '입고 먹는 것이 넉넉해야 비로소 예의를 안다'(衣食足民知禮義)고 조세를 중국의 절반인 20분의 1만 거두었으니 백성들은 풍요로운 가운데 평화롭고 예의 바르게 살았다는 생생한 증험(證驗)을 하고 있는 것이다.

결과적으로는 맹자의 빗나간 화이관(華夷觀)을 들추어 감히 비판의 날을 세운 모양새가 되었지만 다른 한 편으로는 오히려 이를 통해서 고대 한민족의 진면목(眞面目)을 다시 보게 되었고 그 여유롭고 기름진 토양(土壤)에서 한국인의 영원한 주제(主題) 홍익인간 문화가 자연발생적으로 움트고 자랐을 것이라는 예측(豫測)은 누구나 손쉽게 할 수 있을 것이다. 도리어 맹자에게 감사하지 않으면 안 되는 이유이기도 하다.

화이관을 앞세운 맹자의 주장을 정면으로 뒤집고 이를 논리적으로 재정립한 원리가 주역(周易)의 손익괘(損益卦)다. 동양철학의 뿌리인 주역은 영원불변(永遠不變)의 우주 순환법칙을 복제(複製)한 자연 현상을 인간사에 대입하여 실마리를 풀어가는 생활의 지혜라고 할 수 있다. 공자가 주역에 심취하여 죽간(竹簡,종이가 발견되기 전 대나무 쪽에다 글씨를 새겼다는 고대의 기록물 중 하나)을 맨 끈이 세 번이나 닳아 끊어져 다시 매었다는 유명한 고사도 있거니와 한(漢) 나라 회남왕(淮南王) 유안(劉安)이 편찬하였다는 회남자(淮南子, 인간훈 人間訓)에는 공자가 역경(易經)을 읽을 때마다 손익괘(損益卦)에 이르면 언제나 탄식하며 "손익의 도리야말로 왕자(王者)가 지켜야할 바로다"라고 말하지 않을 때가 없었다는 것이다(공자독역지손익 孔子讀易至損益, 미상불괴연이탄 未嘗不괴然而嘆,왈 曰,익손자기왕자지사여 益損者其王者之事與)

이런 연유로 유학자들은 정치라는 인간 역사(役事)의 총체적 계획과 집행, 즉 정치 조직과 기능, 정치상의 인간관계, 천지지심(天地之心)을 이어받은 정치도의(道義) 등을 역설하는 데 비중을 두고 있는데 그 중에도 정치 행위의 가장 중요한 형식으로 손익괘를 제시하고 있는 것이다. 그러고 보면 맹자가 맥도(貊道)를 오랑캐의 법이라고 비하하기 100여 년 전 공자 재세 시에 이미 주역은 크고 작은 인간사 중에서도 왕자가 취할 바 도리를 지침(指針)하는 최고의 정치행위까지도 재단(裁斷)하는 합리적인 척도(尺度) 구실을 했었다는 것이다. 다시 말해서 주역이 그만큼 사회에 널리 보급되고 전파(傳播)되어 있었다는 말이기도 하다.

그 당시의 고대인들이 영위했던 삶을 주역과 연계해서 다시 풀어보면 그것은 유교에서 말하는 이상향(理想鄕) 대동(大同)사회로 나아가는 길 아니었겠느냐는 것이다. 예기(禮記) 예운편(禮運篇)에 보면 대동사회(또는 대동세계 大同世界)란 대도(大道)가 행해지는 사회로서 천하가 공평무사(公平無私)하게 다스려진다는 뜻이다. 여기서 대도(大道)라는 것은 대동사회의 핵심 코드로 요순(堯舜)을 표상(表象 상징象徵과 같은 뜻)으로 하는 선양(禪讓 왕위를 다음 임금에게 평화적으로 물려줌)에 의해 또는 선출된 군주(君主)를 전제(前提)로 하는 시대의 지배이념을 말하는 것이다. 다시 말해서 이상사회의 대명사로 불리는 요순시대의 법도가 이러했다는 것이다.

이와 대비되는 노장(老莊 노자와 장자)의 대도는 무국가(無國家) 원시 공산사회(原始共産社會),즉 촌락공동체의 윤리를 말하는데 쉽게 말해서 그 날 하루 사냥한 포획물이 개인적으로 차이가 있을지라도 균등하게 공동 분배한다는 원리다. 노자는 이 원리를 단 한 치 한 순간의 오차(誤差)도

노자

허용하지 않는 우주순환 법칙에 대입하여 운용(運用)하는 그런 사회를 이상 사회라고 보았다. 반면에 공자가 말하는 이상사회는 국가라는 정치단체의 구성으로 거기에는 이미 인욕(人慾)이 개입하고 있기 때문에 노자가 말하는 대도와는 개념이 다르다. 그래서 노자는 이상정치를 실현하기 위해 제후국(諸侯國)들을 찾아다니는 공자를 향해 상가 집 개에 빗대 혹평(酷評)했던 것이다.

다시 주역으로 돌아가 공자가 특히 강조하였다는 손.익괘의 원괘(原卦)라고 할 수 있는 풍뇌익(風雷益)이라는 자연현상 역시 이 범주에서 한 치도 벗어나지 않는다. 즉 우뢰와 바람은 서로 이익 되게 한다는 뜻으로 해석되는데 좀 더 구체적으로 말해서 바람이 심해지면 우레 소리가 커지고 우레 소리가 심해지면 바람이 노하여 서로 도와 그 기세를 더 올린다고 하였다. 이 괘를 익(益)이라고 이름 한 이유이다. 초심자들에게는 생소하고 좀 난해(難解)할지 모르지만 이 괘를 괘상(卦象) 그대로 놓고 풀어보면 비(否)의 상괘 건(乾 하늘)의 한 양(陽)을 줄여 하괘(下卦) 곤(坤 땅)에 더하는 것으로 상(上)이 하에 은혜를 베푸는 것을 의미한다. 여기서 보다 구체적인 인간사로 발전한 것이 손상익하(損上益下)로 대변되는 손익괘(損益卦)의 원리라고 할 수 있다. 즉 상(上)인 군(君,임금 또는 군자, 즉 통치계급)이 자기의 것을 줄여(또는 덜어) 하인 민(民 만 백성)에게 더

해주는(또는 보태주는) 것에 비유된다. 이렇게 하면 백성들의 기쁨은 한이 없고(민열무강 民說無疆) 따라서 그들은 이를 복종으로 되갚는다고 하였다. 이는 또한 군이 자기의 존엄을 굽혀 하인 천하의 현인(賢人)을 존중하는 것에도 비유된다. 따라서 온 천하 백성이 그 겸손한 덕을 우러러 칭송한다고 하였다. 뿐만 아니라 풍뇌익 괘는 다른 사람의 선행을 보면 그것을 배워 행하기를 바람의 빠름과 같이 하고(견선즉천 見善則遷) 자신에게 과실(過失)이 있으면 단호히 그것을 고치기를 세찬 우뢰와 같이 한다(유과즉개 有過則改)로도 비유된다.(박일봉 朴一峰의 주역 周易에서 인용) 이 마지막 비유는 동이인을 칭찬하는 대표적인 말 가운데 하나인 품격(品格) 높은 군자(君子)의 금도(襟度,남을 용납하는 도량)를 여실하게 보여주고 있다 하겠다(설문해자 說文解字 등) 홍익인간은 바로 이런 동이인의 사상을 그대로 계승하여 반영한 순수한 우리 고유 사상이라고 할 수 있다.

5천년을 관통(貫通)하는 홍익인간 이념

그런데 우리나라 주류 역사학자들은 반만년 우리 역사를 말살하기 위한 수단으로 일제가 도입한 이른바 실증(實證) 사학만이 과학적이라는 맹신(盲信)?에 사로잡혀 우리의 상고대 역사를 인정하지 않고 있다. 그 대표적인 학자인 이병도(李丙燾)의 이같은 역사관을 그가 세상을 뜨기 2년 전에 수정하여 제자리로 돌려놓는 데 앞장섰던 법률학자이자 역사학자인 최태영(崔泰永)은 이에 대해 우리 역사의 대부분이 단군의 건국이념을 구현한 기록이라며 단군의 사적(史蹟)이나 그의 사상, 그리고 고고학적 근거, 또는 당시의 문헌이 전해주는 것만도 수없이 많다고 반론한다.

단군의 부조신(父祖神) 앞에 붙는 환(桓)은 '환'하게 밝게 비치는 것과 '한'(큰 것)을 의미한다고 한다. 고구려의 시조 동명(東明)이 그러하고 신라 시조 박혁거세(朴赫居世, 불거내 弗巨內, 세상을 밝게 다스린다는 광명이세 光明理世)가 또한 그러하다. 태백산(太白山) 장백산(長白山), 백두산(白頭山)의 백(白)과 우리 민족의 상징인 백의(白衣)가 그러하고 조선(朝鮮)이라는 나라 이름 역시 '신선한 아침 해의 '밝음'을 뜻하는 것이라고 한다. 그리고 환(桓)과 한(韓)이 모두 대(大,큰 것)를 의미하는데 몽고어의 한(汗) 칸(干)은 한(韓)과 동음이요 대(大)와 같은 뜻임으로 상고시대에 한자의 한(韓) 대(大) 등으로 성씨를 번역한 것도 크다는 뜻과 밝다는 뜻을 동시에 나타내면서 음이 같은 것을 취택한 것이라고 한다.

우리 조상들은 그 근본 이념, 즉 홍익인간을 구현하기 위하여 장구한 역사를 통하여 언로(言路)를 열어 공론(公論)을 세우고 통합 통일 융통하면서 또한 자유와 평화를 실현하려고 때로는 온갖 장애를 무릅쓰고 이를 극복하기도 하고 퇴행(退行)을 거듭하는 가운데 유구한 역사를 발전시켜왔던 것이다. 이러한 우리 고유의 사상적 기반 위에 외래의 사상을 비판 수용하여 우리 체질에 알맞도록 취사선택함으로서 자기의 사상을 보다 심화(深化)시켜 체계를 세우고 독창적인 사상과 특색 있는 철학으로 발전시켜왔던 것이다.

그런데 이와 같이 다양한 외래문화를 수용 융합 발전시키는 밑바탕에는 장구한 세월에 걸쳐 형성된 우리 고유의 사상적 전통의 기반이 있었기에 가능했다는 것을 신라 말 삼교(三教)를 두루 섭렵(涉獵 온갖 책을 널리 읽음)한 한국학의 선구이자 당대 최고의 지식인이었던 최치원(崔致遠)이 그 단초를 열었다. 그는 우리나라의 고유한 사상적 바탕을 현묘한 도(道), 즉 풍류도(風流道)에 두고 삼교를 포함하여 군생(群生)을 접화(接化)하는 것이라고 그의 난랑비서(鸞郎碑序)에 기록하고 있다.

민족 항일기 독립운동의 연장선상에서 민족사학을 일으킨 신채호(申采浩)는 화랑의 연원(淵源)을 선사(仙史)에다 두고 고구려의 조의선인(皁衣仙人) 선배(先人)의 유파(遺派)로 보고 있다. 그리고 이들이 모두 단군 이래의 소도무사(蘇塗武士)에 연원을 두고 있다고 하였다.

. 이를 뒷받침하는 기록으로는 역시 재야사서의 하나인 북애(北崖)의 규원사화(揆園史話 최태영은 재야사서 중에 유일하게 규원사화만은 믿을 수 있다고 인용했다.)를 들고 있는데 이 사서에 의하면 고대의 인군이 즉위하면 먼저 한큰 주신(主神) 상제(上帝)와 단군 조신(祖神)을 섬겼는데 그 관직으로서 대선(大仙) 국선(國仙) 조의(皁衣)가 있었다

동명왕

는 것이다. 발해 때 까지도 이 조신에게 제사지내는 제단인 보본단(報本壇)이 있었다고 한다. 장마와 가뭄이 고르지 못하여 곡식이 잘 익지 못해 백성이 굶주리게 되면 왕에게 그 책임을 물어 바꾸거나 때로는 미리 이런 재앙에 대비하지 못한 죄를 물어 왕을 죽이기기까지 하였달 정도로 철저한 책임 군주제를 시행하였다고 한다.

홍익인간의 이념이 일찍이 고조선의 금법팔조(禁法八條, 상살 相殺, 이당시상살 以當時償殺 상상 이곡상 相傷,以穀償 상도자 相盜者 남몰위비 기가노 男沒入爲 其家奴,여자위비 女子爲婢, 욕자속인오십만 欲自贖人五十萬) 등 고조선의 고유한 불문금법(不文禁法)과 부여의 법 및 법사상에서도 구현되었다는 것이다. 부여가 엄격한 법을 시행하였으나 공개심리판결(公開審理判決)로 신형(愼刑 형벌을 신중하게 행함)주의를 채택하고 대표자의 평의회(評議會) 제도를 시행한 것도 놀랍거니와 그보다도 고대에는 일찍이 그 유래를 찾아볼 수 없는 엄격한 책임군주제의 관습법을 시행한 것은 서기 수세기 전에 벌써 오늘날 발달된 민주주의 제도와도 비견(比肩)될 수 있는 일면이 있었다는 것을 말해주고 있다.

이것이 고구려에서는 이도여치(以道輿治, 바른 도로서 나라를 다스림)라는 건국이념으로 나타났다. 그 구현은 압록강 대안(對岸)의 중국 길림성 집안현(輯安縣) 동강비가(東岡碑街)에 지금도 서있는 광개토대왕 능비에 새겨진 금석문(金石文)에 의해서 확인되고 있다. 그 비문에 의하면 조선 단군의 자손인 고구려 시조 동명왕은 부여의 왕자라고 이르고 고조선에서 부여(夫餘) 고구려로 이어지는 역사적 정통(正統)을 밝히고 있다. 광개토대왕은 영락(永樂)대왕이라는 제호(帝號)를 당당히 사용하여 독립자주 대국임을 과시하고 모든 악(惡)을 제거하여 나라를 부강하게 하고 인민으로 하여금 평안하고 생활이 풍부하게 하고 군생(群生)을 이롭게 하는 이도여치 이념으로 홍익인간을 구현하였음을 보여주고 있다.

광개토대왕

화랑(花郞) 일으켜 통일기반 구축

삼국정립(鼎立) 시대의 신라 제24대 진흥왕(眞興王 서기 534년~576)은 선대인 법흥왕(法興王)의 생전에 그의 뒤를 이어 왕위에 올랐다. 법흥왕은 7년에 율령(律令)을 반포하고 15년에 불교를 공인하고 16년에 살생금지령(화랑 오계 五戒의 살생유택 殺生有擇과 같은 일종의 환경보존법)을 내리고 같은 해 금관국(金官國)의 내강(來降)에 이어 23년에는 연호를 시정하고 만년에는 왕위를 종제인 진흥왕에게 물려주고 왕비와 함께 출가하여 영락사에서 수도하다가 돌아갔다.

진흥왕은 이사부(異斯夫)로 하여금 국사를 수찬하게 하고(545년), 예악을 숭상하고 백고좌강회(百高座講會)와 팔관재회(八關齋會)를 열어 나라와 백성의 평안을 기원하였다. 국토를 넓히고 가야를 평정하는 한 편 북제(北齊)와 진(陳)과의 외교를 터 교류하고 연호를 개칭하여 자주적임을 내외에 천명하였다.(왕 23년) 벼농사를 시작한 것도 이 무렵 전후해서다. 단군 이래의 소도무사(蘇塗武士) 전통을 이어받은 고구려의 조의선인(皁衣仙人)을 모방하여 원화(源花) 화랑도를 일으키고 삼교(儒彿道)를 평등하게 대우하며 화랑은 삼교의 교지(教旨 종교의 취지)를 포함한 자라 하여 타교의 위에 두어 위하게 하고 각 교도의 상호 출입을 허하게 하는 등 신라 전시대를 통하여 그 유례를 찾아볼 수 없는 절륜(絶倫)의 경세가로서의 면모를 보여주고 있다. 진흥왕도 불교를 독신하여 전왕의 행적을 그대로 좇아 말년에 왕비와 함께 머리를 깎고 수도 생활을 하였다.

진흥왕은 국력이 융성해지자 나라의 경계를 표시하는 이른바 4순수비(巡狩碑, 지방순찰비,즉 관경비 管境碑)를 세웠는데 그것이 한반도 내에 현존하는 한국인의 손으로 조성된 최고(最古)의 비이다. 신라이념의 구현을 보여주는 대표적 금속문인 진흥왕의 순수비문은 하늘과 조상을 숭앙하며 그 정신으로 총 단결하여 홍익인간의 이념을 실현했음을 말해주고 있다. 그 4비(창녕 (昌寧) 북한산 황초령(黃草嶺)

마운령(磨雲嶺) 또는 만덕산(萬德山) 등의 4비)의 비문은 한결같이 '신인합일(神人合一)' '자유와 평화' '바른 도에 어긋나지 않고 교화하는 것' '자주정신' '사해(四海)를 덮는 은택(恩澤)과 위무(威武) 등 단군을 계승한 동명왕의 건국이념과도 직결되는 내용들을 담고 있다. 그 중에도 특히 신의(信義)를 강조한 것은 한국전통사상의 일면을 보여주는 것이라고 할 수 있다.

신의를 특히 중시했던 최치원이 인의예지신(仁義禮智信)의 5상(五常)을 그의 유설경학(類說經學)의 신항(信項)에서 논하면서 '다른 네 가지 덕목이 모두 신(信)에 그 본을 두지 아니하면 비인 것(공허한 것)이 된다. 믿음은 인(仁)의 주재이며 예지(禮智)의 근저인 것이다. 믿음이 있는 자가 덕을 이룰 수 있기 때문이다.' 라고 신의의 중요성을 특히 강조한 바 있다.

진흥왕순수비(巡狩碑)와 원효의화쟁(和諍)

고대에 삼국이 모두 국가사업으로 국사를 편찬한 것은 바른 전통과 자기의 정신을 분명히 하고자 하는 데 그 본 뜻이 있었다. 또 삼국이 모두 대학(大學,국립대학 격)을 설립하고 귀족들의 교육을 담당케 하였는데 고구려는 일찍부터 각 지방에 경당(扃堂)이라는 교육기관을 두어 평민의 자제들에게도 교육의 기회를 부여하였다. 경당에서는 글과 활쏘

기를 병행하는 교육을 실시하여 여기서 양성한 인재들은 국가 유사시에 구국(救國)의 방패가 되라고 가르쳤다. 신구(新舊) 당서(唐書)에 이런 내용이 각각 전해오고 있는데 역사학자들은 그 기원을 원시 미성년자 집회에서 구하고 있다. 이 문제를 맨 처음 제기한 신채호는 신라의 화랑도(花郎道) 조직과 유사한 청년 전사단(戰士團)으로 파악하고 이를 이(異) 민족과의 투쟁 속에서 성장 발전한 고구려 독립사상의 원동력으로 보고 있다.

신라의 국왕들이 나라의 안위(安危)와 내우외환(內憂外患)을 극복하려는 책임감과 신앙심의 발로로 인왕강회(仁王講會)를 열어 호국을 발원하였다. 특히 선덕(善德)여왕 때는 자장(慈藏)의 청을 받아들여 이웃 여러 나라의 항복(降服)과 국토의 통일을 기원하는 9층 목탑(일종의 국방안보 기원탑)을 황룡사(皇龍寺)에 세워 신라의 불국토화를 완성하는데 기여하였다. 그러나 부정적인 측면도 있었으니 그의 건의로 삼국통일의 주역 김춘추(金春秋)와 발을 맞추어 당의(唐衣)의 착용과 당 연호(年號)의 사용 등으로 그의 본래 신조와는 달리 주체성을 스스로 방기(放棄)하는 친당정책으로 홍익인간 정신을 퇴영(退嬰)시키는 천추에 남을 우(愚)를 범하기도 하였다.

신라의 삼국통일을 전후하여 이러한 독창적 호국불교를 세운 위대한 선각자는 바로 원효대사이다. 그의 근본사상은 인간존엄 인간평등, 상구보리(上求菩堤) 하화중생(下化(救)衆生) 요익중생(饒益衆生), 즉 자리이타(自利利他) 화쟁(和

諍) 화회(和會)와 융통 (融通)으로 요약된다. 그는 이 사상을 무교파적(無敎派的 통(通)불교를 건설하기 위한 논리적 근거로 제시하게 된다. 뿐만 아니라 그는 현실사회에서의 대중의 복리 증진을 위하여 온 정력을 다 쏟았으며 마침내는 민중 속으로 뛰어들어 중생들과 함께 사회개혁의 고삐를 틀어쥐고 실천 봉사하였다. 그리고 국왕에게는 그 이상(理想)을 실현하는 데 힘쓰도록 치국(治國)의 요체(要諦)와 안민(安民)의 도를 고취하였다.

이 같은 그의 정치이념의 중심 사상은 화쟁이라는 불교이론(십문화쟁론 十門和諍論)에서 출발한다. 철학자 김형효(金炯孝)는 이를 우주의 필연적(必然的) 법칙을 일깨워주는 가르침이라고 요약하고 있는데 지배자를 중심으로 한 화합 사상이 아니라 민중을 중심으로 한 화합 사상이라고 하여 오늘 날의 직접민주주의를 연상케 한다. 그리고 우주의 필연성이란 앞 절에서 노자가 말한 단 한 오라기의 하자(瑕疵흠)도 허용하지 않는 우주 순환 법칙의 원리를 인간사에 적용한 대도(大道)를 말하는 것이라고 할 수 있다.

궁극적으로 원효가 꿈꾸었던 이상 사회는 역사의 탁류(濁流)를 정화하고 이를 실천하려는 자비심(즉 불지혜 佛智慧)을 가진 일심(一心)이 올바른 통치자, 즉 인왕(仁王)과 이에 호응 협동하려는 일심이 올바른 민중들이 점진적으로 질서 있고 조화로운 공동체를 이루기 위하여 다 함께 노력하고 역사의 흐름을 그런 창조적 방향으로 돌려놓는 데 그 초점이 모아져 있었다. 신라의 전 국토 정토화(淨土化), 다시 말해서 이상의 현실화를 지향하고 있었다는 말이다. 특히 원효가 강회 때 자주 인용했다는 김광명최승왕경(金光明經最勝王經) 사천왕품(四天王品)에 '왕된 자는 자리(自利)와 타리를 위하여 정법으로 나라를 다스리며...가사 왕위를 잃고 생명에 해를 입는다 할지라도 끝까지 악법을 행하지 않고 악을 보면 퇴치해야 한다.'는 말은 부여시대의 엄격했던 책임군주제의 일면을 보여주고 있다. 호국 경전의 근본은 여러 경전에 나와 있는 부처의 진리를 믿고 단계적으로 수행 실천함으로써 이를 다시 교화하고 전파하여 많은 이들이 공(空) 사상을 깨닫고(즉 모든 욕정을 정화하고)상구보리 하화중생의 대원(大願)을 성취하도록 이익중생(자리 타리)의 대도를 국가정치에 구현하려는 데 있다고 하였다.. 이상에서 본 바와 같이 제(諸 여러) 호국불경의 내용은 신라의 호국 불교 사상이 단군의 건국이념 구현에 크게 이바지하였음을 한 눈에 알 수 있는 대목이다.

앞에서 나온 우주 순환 법칙에 대한 사견(私見)을 한마디 덧붙인다면 고래로 성인(聖人)이라고 하는 분들은 당시 육안(肉眼)으로밖에 관찰 할 수 없었던 천문(天文)을 읽고 이 법칙을 깨달은 분들이라고 할 수 있다. 그렇다면 원효 대사 또한 성인의 반열에 오른 분이라고 할 수 있을 것이다. 우리나라 최초의 불교학 박사로 불교 재단이 설립한 동국대학에 봉직하셨던 이종익(李鍾益) 선생은 여시 일본의 불교 전문 다이쇼(大正) 대학에서 수학하셨는데 원효 사상에 대한 연구는 일본에서 오히려 더 활발하게 진행되고 있다고 생전에 말씀하셨던 것으로 기억하고 있다.

신라 호국(護國)불교 의 전성시대

문무왕 대에 이르러서는 신라 호국 불교의 꽃이 만발하였다. 그는 고승들을 초대하여 도화(道化,도법으로 교화함)와 국태민안의 법요(法要 불사 佛事의 의식 儀式)를 거행하는 것을 상례화(常例化)하였다. 언제나 국방에 힘썼지만 특히 왜구(倭寇)의 침입을 염려하여 평시에 항상 지의법사(智義法師)에게 '내가 죽어 후세에 호국 대룡(大龍)이 되어 불법을 받들고 나라를 수호하려한다'고 하였다고 한다.. 왕이 돌아가니(재위 21년, 681년) 군신이 왕의 유언에 따라 동해구(溝)에 있는 큰 바위(대왕암)에 장사지냈다. 왕이 용으로 화했다는 것은 믿을 수 없는 속전(俗傳)이겠지만 유조(遺詔 임금의 유언)에 따라 불교식으로 화장하여 분골을 해중에 뿌리고 또 그 큰 바위에 장사지낸 것은 명백하다. 그의 유조는 삼국사기에도 기록되어 있는데 그가 단군의 건국이념과 광개토대왕비의 이도여치(以道輿治)사상, 신라 건국이념(광명이세 光明理世)의 구현에 남다른 집착(執着)을 보이고 있었음을 알 수 있다. 그 중에도 특히 국민의 세 부담을 경감한 것과 실제에 맞고 민(民)에게 편리하도록 율령(律令)과 격식을 개혁하여 공포, 시행에 미비함이 없도록 하라고 유언한 것은 후세 율곡(栗谷) 이이(李珥)의 민본 위민(爲民)사상의 선구(先驅)가 되었다고도 볼 수 있을 것이다.

율곡

거슬러 올라가 보면 우리나라의 민본사상은 본서의 주제(主題)이기도 한 홍익인간에 그 뿌리를 두고 있다. 만민을 널리 이롭게 하며 합리적 교화로 세상을 구제(救濟)한다는 것 자체가 바로 위민의식의 발로라고 할 수 있다. 그 중에서도 "옥당진시폐소(玉堂陳時弊疏)에 나타나 있는 율곡의 민본사상은 〈서경(書經)〉의 민유방본(民有邦本)을 들어 그 이름에서부터 원론적이면서 실질적인 접근을 시도하고 있다. 즉 "옛날 성왕(聖王)은 반드시 백성들의 귀와 눈을 자신의 귀와 눈으로 삼아 민의(民意)를 수렴(收斂 거두어들임)하고 파악하였다. 그리고 그 신하는 그 직책에 따라 옳고 바른 것을 진술하게 하고 상인들까지 시장이나 노상에서 비판하게 하니 백성들이 모두 간관(諫官)이었다고 하는 민본의 진수(眞髓)를 그대로 보여주고 있다. 율곡은 이를 보다 구체적으로 분석하여 공론(公論)과 양민(良民)과 혁구경신(革舊更新)으로 나누어 설명하고 있다. 즉 공론은 민심에 의하여 백성이 모두 다 그렇다고 생각함을 말함이요 다툴 필요 없이 백성들이 모두 다 옳다고 인정하는 것이라고 하면서 공론의 소통을 위한 언로(言路)가 열리고 닫힘에 따라 국가의 흥망이 좌우된다고 하였다. 그리고 양민, 즉 민생(民生)에 관해서 "백성들은 떳떳이 살 수 있는 생업이 없으면 떳떳한 마음을 가질 수 없다(민즉무항산(民無卽恒産)이면 인무항심(因無恒心))라고 한 맹자(양혜왕 梁惠王 장구 上)의 가르침을 그대로 따르고 있다. 그래서 양민이 된 뒤에라야 백성들을 가르칠(교화 敎化) 수 있다고 하였다. 마지막으로 제도의 개혁에 있어서는 옳고 그름과 이로움과 해로움을 먼저 헤아린 다음에 실천에 옮겨야 한다면서 이와 같은 시비와 이해(利害)의 기준은 오직 백성의 안정(민생) 여부에 있다고 하였다.(최병철 崔秉喆 집필 민족문화대백과사전 민본사상 항목 인용.)

그의 민본사상은 시종일관 민생 안정과 민의(民意) 창달에 역점을 두고 있음을 알 수 있다. 다시 말해서 이렇듯 그는 민본사상의 핵심을 꿰뚫고 있었다는 말이다.

고려 성종(成宗)과 최승노(崔承老)

신라 말 후삼국의 혼란기를 수습하고 가까스로 고려의 통일을 이룬 태조 왕건(王建)이 우선 내부의 분열과 충돌을 미봉(彌縫 임시로 꾸며대다)하기 위해 반포한 훈요십조(訓要十條)는 이런 당시의 안팎 사정을 있는 그대로 반영하고 있다. 따라서 훈요십조는 어떤 단일사상이나 종교적 신앙을 근본정신으로 한 것이 아니고 그 시대의 모든 잡속(雜俗)까지도 혼합 포섭하여 당시의 흐트러진 민심을 수습하기 위하여 세운 정책의 표현이라고도 볼 수 있다. 다시 말해서 그

왕건

시대의 혼잡한 사조(思潮)의 반영으로 볼 수 있다는 것이다.. 그러나 우선 상하 총결합의 성취와 또 신라로부터 오염된 무조건적인 당풍(唐風) 모방은 하지 않겠다는 주체의식과 대고구려를 계승하려는 의지의 표명은 단군의 근본이념과 광개토대왕비에 새긴 이도여치(以道輿治)정신을 구현한 것으로서 높이 평가할만하다 하겠다.

그리고 추락한 불교의 위신(威信)을 차차 회복함과 동시에 그동안 침체되어 있던 유교교육을 더욱 강화하였다. 고려의 유교적인 교육제도 정비를 비롯하여 정치기구 기타 모든 부면의 개혁은 제6대 성종 때(982-997년)부터 시작되어 제 11대 문종 때(1047-1082)에 완성되었다. 유교적 정비를 강력하게 추진한 것은 유신(儒臣) 최승로(崔承老)로부터이다. 좋은 뜻과 과감한 실행력을 겸비한 성종은 기실 충성스러운 최승로의 보좌를 받아서 좋은 전통을 발전시킬 수 있었다. 왕건 태조도 총단결을 꾀하고 자주정신을 강조했지만 성종과 최승로는 그 보다도 자주정신이 더욱 투철하였다. 성종의 시정(時政) 개혁에 부응하여 최승로가 제출한 982년의 시무책(時務策) 28조는 공자의 논어(論語)에서 취한 발상(發想)이 적지 않았다고 한다. 그러나 시무책에서 그는

최승로

국방력의 강화, 불공정한 사회제도의 개혁, 풍속의 순화(醇化), 인력과 국비의 절약 등을 강조하고 중국의 제도를 본받아 개량할 점도 없지 아니하나 지리 풍토 풍습이 각각 다르므로 우리 문화의 좋은 특색은 살려 유지하되 우리에게 적합하지 않은 것은 구태여 중국을 모방할 필요는 없다고 합리적인 정책을 펴 나갔다.

성종은 재위 16년, 38세라는 젊은 나이에 세상을 떠났으나 시무책 이상으로 과감하게 개혁을 단행한 현군(賢君)이었다. 성종은 2년 2월 방백들에게 '모든 사람이 삶을 즐기며 생명을 성취할 수 있게 해야 한다. 나는 1인의 범죄자나 백성의 빈곤함을 보면 슬퍼하며 자책한다. 내 몸은 비록 궁궐에 거(居)할지라도 마음은 항상 백성들에게 있어서 늦게 먹고 일찍 옷 입으며 매양 깨우쳐 줄 사람을 구하고 있다.' 고 말하고 또 5년 9월 교서에서는 '목민관은 옥송(獄訟)을 지체하지 말며 국고(國庫)를 충실하게 하여 궁민(窮民)들을 진휼(賑恤 흉년에 곤궁한 백성들을 구원하여 도와줌)하고 농상(農桑,농사와 잠업 蠶業)을 권장하며 요역(徭役 나라에서 구실(조세) 대신으로 시키는 노동)과 부세(賦稅)를 경감하며 '라고 하였다. 그리고 모든 처사를 공평하게 하라'고 이르는 등 어느 것 하나 건국이념의 구현 아닌 것이 없다. 그는 목민관(牧民官)들에게 그가 말한 그대로 시정(施政)을 베풀었다고 한다.

'1천 년래 제일(第一) 대사건'의 진상(眞相)

예종 대의 윤관(尹瓘) 장군은 그의 시호(謚號 문숙공 文肅公, 처음엔 문경 文敬)가 말해주듯 원래 문신이었다. 그러나 당시 출장입상(出將入相)으로 문무겸전했던 그는 여진 정벌이라는 고려의 오랜 숙원을 이룬 최초 최후의 척지(拓地 고토를 개척 수복함) 공신으로 더 많이 기억되고 있다. 예종이 부왕인 숙종의 상기(喪期)를 마치고 여진족에게 당한 부왕의 수치(羞恥)를 설욕하기 위해 17만 대군을 일으켜 윤관 장군에게 행영(行營) 대원수를 내리고 부월(斧鉞 출정하는 장수에게 신표 信標로 임금이 직접 내리는 작은 도끼와 큰 도끼)을 전하면서 일찍이 삼국 통일을 완수한 김유신(金庾信)을 존경하고 사모했다는 윤관에게 김유신이 우기로 접어드는 6월에 배도 없이 삼군을 도강(渡江)케 한 것은 오로지 지성(至誠)으로 일궈낸 이적(異蹟) 임을 환기시키면서 전의(戰意)를 북돋아 주었다고 한다. 김유신을 존경했다는 윤관의 여진 정벌은 예종 역시 화랑의 후예임을 자임하는 낭가(郎家)파로 군신 간에 의기투합하여 사상 실천의 대단원(大團圓)을 장식 했던 것이다. 민족 사학의 개척자인 신채호에

윤관

김유신

의해 처음으로 명명(命名)된 이 사상(낭가사상)은 진취적이고 공동체를 우선하는 고구려의 상무(尙武) 정신을 체현한 조의선인(皁衣仙人)으로부터 유래되었는데 이 기질을 이어받아 삼국통일의 위업을 달성한 신라의 화랑정신으로 다시 태어난 우리 고유의 전통 사상이다. 이야말로 한민족의 피 속에 면면이 흐르는 홍익인간 정신의 발로라고 할 수 있을 것이다.

김부식

그 반대편에서는 〈삼국사기〉의 저자인 김부식(金富軾)으로 대표되는 사대적 유학(儒學)파가 달시 정국을 주도하고 있었다. 신채호가 '1천년 래(來)의 제일 대 사건'이라고 높이 평가하고 있는 이른바 묘청(妙淸)의 난(신채호는 서경전역 西京戰役이라 함)은 이들 두 세력이 정면으로 충돌하여 결국 낭불파(일명 국풍(國風)파)의 패배로 끝난 역사적인 사건으로 기록되고 있다. 이 때 낭가파가 내 걸었던 칭제북벌론(稱帝北伐論)의 주창자가 바로 윤관의 아들 윤언이(尹彦頤 주역 周易의 대가)였다. 그러나 서경 천도의 기치(旗幟)를 내걸고 난을 일으킨 묘청, 정지상(鄭知常) 등 일파의 왕조 전복(顚覆)에는 동의할 수 없다며 토벌군의 부원수로 참전한 윤언이는 난의 진압에 큰 공을 세웠다. 그러나 난 후에는 김부식에 의하여 정지상 등과 내통하였다는 혐의를 쓰고 유배 등으로 불우한 말년을 보냈다. 그의 아버지 윤관 또한 유학파의 모함과 시기(猜忌)로 여진 정벌 당시 개척한 9성을 환부(還

付)하고 물러난 뒤 다시는 중앙 정계에 발을 들여놓지 않는 등 두 부자의 실권(失權)은 이후 낭가파의 몰락을 초래하게 되었다.

신채호는 이 사건(서경전역 즉 묘청의 난)을 독립당 대 사대당의 싸움이며 진취(進取)사상 대 보수사상의 싸움으로 재해석하고 이 싸움에서 묘청 등이 패하고 김부식이 승리함으로서 그 이후의 조선 역사가 사대적 보수적 속박적(束縛的)사상, 즉 유교사상에 정복되었다고 분석하고 있다. 역사에 '만약'이라는 가정이 통하지는 않는다지만 이와 반대로 김부식 이 패하고 묘청이 이겼다면 조선 역사는 독립적 진취적 방향으로 진전하였을 것이라고 아쉬워하고 있다. 이 전역을 계기로 그 이후 1천년 역사의 흐름이 바뀌었으니 이야말로 몽고 침입 60년, 국가존망의 위기를 몰고 온 조선 중엽 병자 임진 등 여러 전란에 비할 바가 아닌 '1천래의 대 사건'이라고 결론짓고 있다.

숭유배불(崇儒排佛)앞세워 조선 개국

불교가 극도로 퇴폐(頹廢 쇠퇴하여 결딴남)한 고려 말에 유학은 한(漢) 당(唐)의 구(舊) 유학 수용기에서 송(宋)의 신유학, 즉 주자학(성리학을 이름) 수용기로 전환하게 되었다. 구(舊)유학은 포용성이 있어서 타교를 배척하지 않았으나 신유학은 도교처럼 배타성(排他性)이 강해서 불교를 배척하였다.

안유

원(元) 나라를 통해서 들어온 송의 주자학을 처음으로 고려에 들여온 학자는 충열왕 때의 학자 안유(安裕 또는 안향 安珦)이었고 그 뒤 충선왕 때에 백이정 白頤正)이 원에 가서 주자학을 배워다가 이제현(李齊賢)에게 전수하고 이제현은 원경(元京) 충선왕의 만권당(萬卷堂)에 소치(召致)되어 원의 명유(名儒)들과 교유(交遊)하였다.

고려 말의 삼은(三隱, 목 牧. 포 圃. 도 陶 혹은 야은 冶隱)도 모두 성리학의 대가들이다. 당시 주자학이 환영을 받게 된 것은 송학(宋學) 성립의 환경으로 보아서 그것이 당시 고려의 정치 현실에 알맞기 때문이기도 했지만 배불(排佛) 정책을 내세워 이성계(李成桂)를 추대한 사대부들이 그들의 합좌(合坐) 평의기관을 중심으로 하여 숭유(崇儒) 정책을 채택하게 된 때문이었다. 여말(麗末)의 친명 신유학파 중에는 고려왕조를 중흥시켜 그대로 유지하면서 개혁하자는 정몽주(鄭夢周) 등 절의(節義,의리 도리를 존중하는)학파와 정도전(鄭道傳) 등 당시의 정치적 상황을 들어 왕조를 바꾸려 한 혁명파가 대립,암투(暗鬪)끝에혁명파가 절의파를 폭압 암살하고 현실을 중시하는 훈구파(勳舊派)가 되고 절의파는 여말의 정몽주, 조선 들어 길재(吉

이제현

再)-김숙자(金叔滋)-김종직(金宗直,숙자의 아들)-김굉필(金宏弼)-조광조(趙光祖)로 그 맥이 이어져 내려오게 된다. 그들의 정신은 화랑에 그 연원을 두고 그 후 사육신과 한말 의병으로 까지 연맥 되고 있는 것으로 보고 있다.

정몽주

그들의 절의와 충성 그리고 특히 불의와 비합법적 폭력에 항거하는 정신은 고유한 전래의 근본이념, 즉 파사현정(破邪顯正 사견 邪見 사도 邪道를 파괴하여 정법을 널리 알리고 창현 彰顯함)의 구현을 그 지표로 삼고 있다. 계유정란(癸酉靖亂 수양대군이 일으킨 단종 조 원로 모살 謀殺 사건)으로 실권을 잡은 수양을 몰아내기 위해 역(逆)쿠데타를 일으키려다가 사전에 발각되어 모진 고문을 받은 사육신이 끝까지 굽히지 아니하고 끝까지 절의를 것은 단지 구주(舊主)에 대한 충성심 때문만이 아니고 불의와 폭력과 특히 비합법적 수단으로 한 나라나 한 정권을 강탈하는 행위에 대해 항거하기 위함이어서 근본이념의 귀중한 구현인 동시에 현대적으로 말하면 민주주의 수호의 일면이라고도 볼 수 있는 것이다.

정도전

홍익인간 구현한 세종의 치세(治世)

조선왕조가 창건 기를 지나서 국정이 어느 정도 자리가 잡혔을 때 세종대왕의 치세를 만나서 크게 발전하게 되었다. 그가 단군 이래의 이념과 바른 전통을 유지 구현하고 문화를 크게 발전시킨 것은 일일이 매거키 어려울 정도로 많다. 세종 14년 (1432년)에 세종이 윤회(尹淮) 신색(申穡) 등에게 명하여 찬집(撰集)한 지리지(세종실록 지리지)에 단군의 개국 사를 기술하게 한 것은 그의 역사인식을 잘 나타내는 의미 있는 일 가운데 하나이거니와 그가 한 일 가운데 어느 것 하나도 백성을 아끼고 사랑하는 단군 이래의 전통적 홍익이념의 구현 아닌 것이 없다. 특히 그가 훈민정음을 완성하고 나서 "나라말의 음이 중국과 달라서 문자와 서로 통하지 못함으로 백성 중에는 비록 말하고자 하는 바가 있을지라도 그 뜻을 펼(발표) 수 없는 자가 많다. 내가 이를 민망히(안타깝게 딱하게) 여겨 새로 28자를 만들어 사람들로 하여금 쉽게 익히고 일상(日常) 사용에 편리하게 하고자 한다." 고 한 그 한 구절에서 그의 어버이 같은 백성 사랑의 마음이 절정을 이룬다. 물론 세종이 표방한 궁극의 목적은. 유교 정치의 발전에 있었다. 유교를 국시(國是)로 하여 입국한 조선의 임금으로서 당연한 일이겠지만 그의 속마음은 언제나 백성들 곁에 가 있었다. 즉위

세종대왕

初(세종 5년) 강원도 일원에 큰 기근(饑饉)이 들어 먹을 것이 없었던 백성들이 흙을 파먹는 참혹한 지경에 이르렀을 때 세종은 궁궐 안에다 초막을 짓고 한 동안 그 맨바닥에서 국무를 보며 기거했다는 유명한 일화가 전해온다. 굶주림에 시달리고 있는 평민들과 고통을 함께 나누고 대신 지겠다는 일종의 대속(代贖) 심리였을 것이다. 이는 앞 절에서 말한 신라 문무왕의 국민 세 부담 경감 유언, 내 몸은 궁궐에 거할지라도 마음은 항상 백성 곁에 있다고 한 고려 성종의 애민 위민(爲民) 정신을 이어받은 홍익인간의 결정판이라고 할 수 있을 것이다.

세종이 남긴 친필 중에는 가전충효(家傳忠孝) 세수인의(世守仁義), 즉 집집이 충효를 전하고 세세로 인애(仁愛)와 대의를 지킨다.'는 글귀가 전해오는데 그의 근본정신을 잘 보여주고 있다.

이병도(李丙燾)의 사관(史觀) 전향 시말

홍익인간의 역사적 연맥을 총 정리한 바 있는 최태영(崔泰永1900~2005 호 무호 無號)은 원래 역사학자가 아니었다. 해방 후 서울대학에서 초대 법대학장을 지낸 상법 전공의 법률학자였다. 54년 이래 학술원 회원으로 '한국의 상고 및 전통법철학의 역사적 배경'을 필두로 여러 편의 논문과 저서를 발표하고 동서양의 전통법철학을 비교 연구하는 과

최태영

정에서 논문 내용과 관계가 깊은 한국고대사에 깊은 관심을 기울이게 되었다 이렇게 시작된 그의 고대사연구는 그가 105세 생을 마감하는 순간까지 계속 되었다. 그의 말을 빌면 77세 때 〈서양법철학의 역사적 배경〉이라는 명저(백대 명저로 꼽힘)를 끝으로 그의 전공학문인 법학 연구를 일단 마무리하고 고대사 연구로 전문을 바꾸어 전력투구하게 되었다고 한다. 그가 역사 연구에 몰입하게 된 또 다른 이유는 6.25를 계기로 정인보(鄭寅普) 안재홍(安在鴻) 손진태(孫晉泰) 송석하(宋錫夏) 등 유수한 역사학자들이 모두 북으로 끌려간 뒤 남쪽에 남은 이병도(李丙燾 호 두계 斗溪) 등 일제 때 역사교육의 미몽(迷夢)에서 채 깨어나지 않은 이른바 식민사학자들이 그 빈자리를 점령하게 되면서 축소 왜곡되고 있는 역사 교육을 더 이상 좌시할 수 없다는 일종의 사명의식에서 발 벗고 나서게 된 것이라고 한다.

거기에다 그의 출생지가 또한 장차 그를 단군 연구로 이끄는 데 크게 작용을 하였다고 한다. 1900년생인 그의 고향 황해도 장련(長連)은 단군의 유적과 전설로 유명한 구월산 기슭에 자리하고 있어 어려서부터 자연스럽게 단군을 접할 수 있었다는 것이다.. 특히 이 지방 토호의 후예로 일찍이 기독교로 개종하여 신학문에 눈을 떴던 그의 할아버지 밑에서 자란 그는 일찍부터 역사교육을 받게 되었다. 이

안재홍

정인보

때의 역사 교재는 우리나라 최초의 아동 교과서인 박세무(朴世茂. 명종 때 학자)의 〈동몽선습(童蒙先習)〉이었다. 이 책을 구하기 위해 눈 쌓인 한 겨울에 역시 구월산 기슭에 있던 박 참봉 집까지 다녀온 기억을 생생하게 되살리면서 이 책 첫머리에 나오는 '동방東方의 군주 君主 단군'은 이때 그의 뇌리에 깊이 각인되어 평생의 화두가 되었다고 한다. 정부 수립 후 초대 고시(考試)위원이 되어서는 모든 고시에 국사를 필수과목으로 채택하여 앞으로 나라를 이끌어갈 이른바 엘리트들에게 역사의식을 심어주는 계기를 제공하게 된다. 어려서부터 그의 뇌리를 점령하고 있던 단군, 즉 역사의식을 제도화하여 실천으로 옮긴 첫 사례가 될 것이다. 교육 사업에 종사하던 엄혹한 일제의 식민치하에서도 굴하지 않고 당시의 법적 테두리 안에서 의연하게 저항의식을 발휘했던 그는 일제 말에는 증거를 남기지 않기 위해 당시 세브란스 의전(醫專)에 다니던 큰 아들에게 이불 속에서 남몰래 역사 교육을 시킬 정도로 집념이 대단했다. 역사과목의 고시채택은 아마 이런 집념의 연장선상에서 일구어 낸 결과물이라고 할 수 있을 것이다.

메이지대(明治大) 영법(英法)학과를 나온 그와 이병도(와

이희수

세다 早稻田대 역사학과)는 비록 학교는 다르지만 일본 유학 동기이다. 그들이 같은 목적으로 다시 만난 것은 70년 대초 사직공원 내 현정회(顯正會)라는 단군 숭모 단체에서다. 이 단체의 창립시절부터 참여한 이병도는 이 단체 탄생의 산파역을 맡았던 이희수(李喜秀 상임이사)의 서울대학 역사학과 스승이라는 학연(學緣)으로 서로 얽혀있는 사이였다. 개천절 행사 때면 제관으로 선임된 이병도가 단군 상 앞에 꿇어 엎드려 헌작(獻爵 제례 행사에서 잔을 올림)하는 것을 보고는 객석 여기저기서 "단군 부인론자가 어째서 단군에게 잔을 올리느냐"는 볼멘 항의 소리가 터져 나왔다. 특히 지방에서 올라온 갓 쓴 도포 자락 참례자의 항의는 가시가 돋친 듯 매서웠다. 그러나 이럴 때마다 이병도는 자신이 단군을 국조로 숭모하는 것과 역사학으로 연구하는 것과는 별개의 문제라고 알송달송한 말로 호도(糊塗 건성으로 애매하게 덮어버림)함?으로서 위기 국면을 아슬아슬하게 넘어가곤 하였다. 최태영은 필자가 한 언론사에 있을 때 그의 자전적(自傳的) 생애를 연재(법학 한평생)할 때 만나 그 후 인천 그의 집으로 한 달에 한 두 번 식 다니면서 역사 강의를 들은 스승으로 현정회에 영입하게 된 인연을 가지고 있었다. 그의 말따나 배내 기독교인인 그는 그들의 종교교리에 따라 단군 상(像)에 절을 하지 않는다는 그가 소속한 기독교 단체와의 약속으로 제관을 맡지 않는 대신 행사 끝에는 꼭 등단하여 고대사 중에서도 특히 단군 관계 이야기를 쉽게 풀어서 들려주곤 하였다. 이 때가 마침 사직공원 단군전 성역화 문제로 민족 사회 단체와 단군을 부인하는 기독교 단체가 첨예하게 대결하고 있던 때라 말 한마디 한마디가 민감한 반응을 일으킬 때인데도 전혀 개의치 않고 역사에 대한 그의 소신을 기탄없이 털어놓아 주위를 긴장시키기도 하였다. 단군 부인론자인 데도 단군상에 헌작하는 이병도와는 대조적으로 기독교인으로서 최태영의 진솔한 단군역사 연구는 그래서 재야는 물론 일부 재조(在朝)의 호응을 얻기도 하였다.

이 무렵 이병도는 일부 과격한 자칭 재야 학자들의 유선(전화) 말 폭탄에 시달리고 심지어는 집 앞으로 몰려가 집 안으로 돌을 던지는 등 물리적인 테러행위를 자행하는 사태로까지 발전하였다. 그렇다고 들어 내놓고 말하기조차 어려운 이런 사건을 누구에게 털어놓지도 못하고 혼자서 끙끙 속 앓이를 하던 망구(望九 9순을 눈앞에 둔 나이)의 노학자 이병도는 극도의 신경쇄약으로 그만 몸져눕고 말았다. 이를 맨 먼저 알게 된 제자 이희수가 이 사실을 최태영에게 전하면서 그 수습책을 상의한 끝에 일종의 전향(轉向)성격의 논문을 발표하기로 뜻을 모으게 되었다. 오랜 친구이자 같은 학문의 길을 가는 최태영이 그 설득 작업을 맡게 되었다. 병문안 삼아 동숭동 이병도의 집을 찾은 최태영은 옛 친구의 손을 꼭 부여잡고 "이대로 식민사학자라는 오명(汚名 더러워진 이름)을 쓴 채 죽을 것이냐 아니면 단군의 실사(實

史)를 인정하고 그 멍에를 벗어던지겠느냐" 고 말 그대로 우정 어린 충고를 하며 결단을 촉구했다. 그러자 이병도는 최태영의 제의에 동의하고 그 자리서 옛 제자 이희수를 불러 구술(口述)할 터이니 받아쓰라고 하였다. 이 때 그는 이미 집필능력을 상실한 상태였다. 이렇게 구술로 어렵사리 만들어진 원고의 자구(字句)교정을 필자가 맡아 조선일보를 왕래하면서 말하자면 원고 심부름을 하던 기억이 바로 엊그제 일 같다.

"단군은 신화(神話) 아닌 우리의 국조(國祖)"

이렇게 작성된 이병도의 논문은 "歷代王朝의 檀君제사 日帝때 끊겼다"는 가로 헤드라인에 "檀君은 神話아닌 우리 國祖"라는 세로 기둥 제목을 세운 전면 통단 특집으로 조선일보에 게제 되었다. 그 해(1986) 개천절이 지난 지 5일 째 되던 날이다. 제목이 말하는 것과 같이 단군을 신화와 민속(民俗)의 영역에서만 머물게 했던 종래의 주장 대신 진설도(陳設圖 단군 제사 때 제물 고이는 형식을 그린 그림) 단군 세년가(世年歌 단군 이래 역대왕조의 이름과 사적을 노래로 지어 부름) 등 여러 가지 물증(物證)이 많다며 단군은 더 이상 신화가 아니라는 그로서는 그야말로 코페리니쿠스적인 전환과도 같은 새로운 주장을 펼치게 된 것이다. 그럼에도 불구하고 일부에서는 이병도가 종래 학설에서도 단군을 인정하고 있다고 주장하는가 하면. 그래서 조선일보에 난 그의 논문은 하나도 새로울 것이 없다고 물 타기를 하기도 한다. 그러나 이병도 자신이 논문에서 말한 것처럼 역사학적인 견지에서 보면 그는 단군 부인론자가 분명하다. 특히 1948년도에 발행, 무려 44판을 찍어내 국사학계의 신화가 되었던 그의 〈한국사 대관〉 부록연표에 보면 한국사의 시발이 '단기 2206년(서기전 128년) 예군(濊君 압록강 중류지역에 있던) 남녀(南閭)가 조선왕 우거(右渠)에 배반하여 한(漢)에 항복하니 한나라가 (전한 前漢 서한 西漢시대) 이곳에 창해군(滄海郡)을 설치'함으로부터 비롯되고 있다고 기술, 사실상 한국 고대사 2천년을 뚝 잘래내 결과적으로 한국사를 반 토막 낸 책임을 면할 길이 없다. 이른바 그의 실증사학의 한계가 숫자적으로 명백하게 드러나는 대목이다.

당시의 조선일보 문화부장 서희건(徐熙乾)에 따르면 이 논문이 보도된 직후 일본 도꾜(東京)대학의 역사학 연구실

서희건

에서 제일 먼저 전화가 걸려와 기사 복사본을 보내 달라고 요청하더라는 것이다. 도꾜 대학 역사학 연구실은 바로 일제 때 식민사학을 양산해내던 산실(産室)로 악명이 높던 곳이다. 우리가 그들의 굴레에서 해방된 지도 벌서 40여년이 흐른 시점인데도 우리 역사의 추이(推移)에 대한 그들의 관심은 조금도 변하지 않았다는 사실에 다시 한 번 놀라지 않을

수 없었다. 이보다도 더 놀라운 사실은 아직도 이른바 강단 사학이라는 역사학계의 주류는 〈한국사 대관〉에서 그들의 스승으로부터 배운 한국사를 지금까지도 글자 한 자 고치지 않고 그대로 믿고 따르고 있다는 사실이다. 불완전하나마 그들의 스승이 학설 상 전향을 발표한 데 대해서는 오히려 "노망이 들어 헛소리를 하고 있다"고 역공(逆攻)을 펴는 기현상(奇現象)까지 벌어졌었다.

유승국

최태영은 이 논문을 발표토록 하는 데 그치지 아니하고 이를 대내외적으로 이병도의 사관 수정을 굳히기 위해 미국 알라스카대학교 한국학원 교재인 An 〈Introduction to the History of Ancient Korea〉(영문판)를 낸 후 1989년 1월 다시 그 한글판을 이병도(친필서명) 와 공저로 출판하였다. 이 책 첫머리를 장식하고 있는 고조선 편에서는 단군의 개국으로부터 시작하여 고조선 왕국의 발전, 그리고 고조선의 국가체계 및 조직, 고조선의 열국시대, 고조선의 법습(法習)에 이르기까지 체계적으로 서술하고 있다. 최태영은 이 내용들이 강단에 있으면서 강단사학과는 구별되는 동양철학의 권위자인 한국정신문화연구원장 유승국(柳承國)을 비롯하여 미국 하바드대 옌칭(燕京)재단의 동양학 연구소에서 수학한 윤내현(尹乃鉉 단국

윤내현

대 교수) 〈해양제국 비류(沸流)백제〉의 저자 김성호(金聖昊) 등의 논문을 많이 인용했음을 밝히고 있다. 이병도는 이 책이 나간 지 7개월 만인 그해 8월에 세상을 떴다. 조선일보에 "歷代王朝의 단군제사 日帝 때 끊겼다"가 1986년 10월 9일자로 보도된 후 만 3년만이다.

김성호

손부익빈(損富益貧) 주창한 다산(茶山)

근대 실학의 비조(鼻祖)로 일컬어지는 성호(星湖) 이익(李瀷)은 손상익하(損上益下), 즉 상층 사람들의 재산을 덜어서 하층 사람들에게 보태 주어야 한다고 일찍이 성인(聖人 공자를 가리킴)이 말하였다면서 이를 경제정책의 대강(大綱)으로 삼아야한다고 주장하였다. 비록 위에 손실이 없이 아래에도 이익이 되게 하려하나 세상에 그런 도리는 있을 수 없다면서 성호는 한(漢)나라 때 승상 왕개보(王介甫, 왕안석 王安石)의 경제개혁 실패의 원인을 들어 후세의 징계(懲戒)로 삼아야한다고 하였다. 왕개보가 주역을 익숙하게 읽지 못한 것이 한스럽다면서 그 해답은 "윗사람의

이익

것을 덜어 아랫사람에게 보태는 손상익하(損上益下)에 있다고 일찍이 성인도 말하지 않았느냐고 왕개보의 실책(失策)을 나무라고 있다. (성호사설 星湖僿說 제14권 인사문 人事門)

이와 같이 성호(星湖)가 주로 중국의 고사를 들어 손상익하의 전례를 설명하려 한 반면에 다산(茶山) 정약용(丁若鏞)은 "전론(田論)"이라는 본격적인 논설을 통해서 이 문제를 다루고 있다. 즉 그는 손상익하 대신 손부익빈(損富益貧)이라는 용어를 사용하여 보다 구체적으로 이 문제에 접근하고 있다. 즉 전지(田地) 10경(十頃, 일백 이랑, 100묘(畝)의 지적 地積을 말함)을 가진 부모가 이를 열 아들에게 고루 나눠주지 못해 약삭빠른 아들들이 먼저 2경 또는 3경식 더 많이 차지하는 바람에 나머지 네 아들은 전지를 얻지 못해 길바닥에서 굶어죽는 사태가 일어난다면 그들의 부모는 부모 노릇을 제대로 한 것 인가고 반문하고 있다. 그러면서 나라 경영도 이와 다르지 않다 하고 그러므로 산업을 골고루 일으켜 다 함께 잘 살도록 한 사람이야말로 참다운 군주요 목민관이라 하고 그렇지 못한 사람은 앞서 말한 부모와 같이 군주와 목민관의 책임을 저버린 사람이라고 하였다. 문 무 귀신(貴臣)들과 여항(閭巷 백성의 집이 모여 있는 곳, 여염 閭閻)의 부인(富人)들 가운데는 1호당 곡식을 수천 석 거두어들이는 자

정약용

가 많은데 그 전지를 계산해보면 1백결 이하는 되지 않을 것이니 이는 바로 9백90인의 생명을 해쳐서 1호를 살찌게 하는 것이나 다름이 없다. 그러므로 이런 부익부(富益富) 빈익빈(貧益貧)의 부조리 현상을 해소하고 다 함께 잘살기 위해서는 오직 부자의 것을 덜어내어 가난한 사람에게 보태주는 손상익하(損上益下) 외에는 다른 대안이 없다고 다산은 강조하고 있다.

다산의 "전론"은 여기서 그치지 않고 역대로 발전해온 전제(田制)를 일일이 그 장단점을 들어 당시의 현상(現狀)과 비교 검토하고 있다. 그래서 그의 전론은 무려 7회에 걸쳐 연속되는 장편 시리즈로 이루어져 있다. 좀 지루하겠지만 다산의 손부익빈 사상을 보다 정확하게 이해하고 아울러 당시의 시대상황을 상세히 파악하기 겸해서 전(全)회에 걸쳐 추적해 보고자 한다. "전론" 2에서는 은(殷)주(周)시대에 시행되었던 정전(井田) 제도와 전지(田地)와 인구를 정확하게 계산하여 고르게 나누는 균전(均田) 제도, 전지를 사고파는데 한계를 설정하자는 한전(限田) 제도 등이 모두 당시 실정에는 맞지 않기 때문에 채택할 수 없다는 시행 불가론을 펴고 있다. 그러나 다산은 전론 3에서 농사를 짓는 사람에게는 전지를 얻도록 하고 농사를 짓지 않는 사람에게는 전지를 얻지 못하도록 하는 여전(閭田)의 법을 시행해야한다고 주장하고 있다..이 제도에서는 하루하루 역사(役事)를 할 때마다 여장(閭長)은 그 일수를 장부에 일일이 기록하여 두었다가 추수 때에는 양곡을 나누게 되는데 먼저 공가(公

家 지방정부)에 내는 세와 여장의 보록(報祿 보수 報酬)을 제한 나머지를 가지고 역사한 일수에 따라서 나누게 된다. 이 제도의 장점은 노력을 많이 한 사람은 곡식을 그 만큼 더 많이 얻게 되고 노력을 적게 한 사람에게는 양곡이 적게 돌아감으로 모두들 다투어서 노력을 하게 된다는 것이다. 요즘 말로 풀이하면 노동 생산성이 그 만큼 높아짐으로 나라와 백성의 재산이 함께 풍족해지고 재산이 풍부해지면 풍속이 순후(淳厚)해지고 효 제(悌 형제간에 우애 友愛함)가 자연스럽게 행해지게 되니 이것이 전지를 다스리는 가장 좋은 방법이라고 말하고 있다. 전론 4에서는 30~50 가(家)의 여(閭)에 다른 여에서 옮겨오거나 또는 다른 여로 옮겨가는 사람의 경우에 대해서 이를 허용해 줄 것을 제의하고 있다. 그렇게 하면 위에서 따로 영을 내리지 않아도 백성들의 택리(宅里 마을)가 고르게 되고 백성들의 전지 또한 고르게 되어 빈부의 격차도 그만큼 줄어들게 될 것이라는 전망치(展望値)를 제시하고 있다. 이렇게 시행한지 8~9년 또는 10여년이 지나게 되면 백성들이 아주 고르게 될 것이니 그 때에 가서 호적을 만들어서 그 가옥과 주거를 등록시키고 문권을 만들어서 이주에 관한 일을 관리토록 한다는 것이다.

다 함께 잘사는 평등 사회 실현

전론 5에서는 농사를 짓는 사람만 전지를 얻게 되는 이른바 경자유전(耕者有田) 제도를 설명하고 있다. 따라서 농사를 짓는 사람에게만 곡식을 나누어주게 되는데 공업을 하는 사람은 스스로 만든 기구(器具)로써, 상업을 하는 사람은 그 상품으로 곡식을 바꾸는 물물 교환경제를 염두에 두고 만든 제도이다. 그런데 이들 축에도 끼지 못하는 선비는 태생적(胎生的)으로 힘든 일을 할 수 없음으로 농사를 짓지 못하기 때문에 가을에 곡식 분배를 받을 수 없는 문제를 해결하기 위해서 다산은 여전의 법이 필요하다며 그가 이 법을 만들려는 목적도 바로 여기에 있다고 강조하고 있다. 즉 이들 선비가 손발을 놀리면서 무지한 농민을 등쳐 그들의 토지를 빼앗아 차지하고 남의 힘으로 먹고 사는 행태를 바로잡기 위해서라도 여전의 법이 꼭 필요하다고 말하고 있다. 그러면서 선비들에게는 전업(轉業)을 하든가 농업이나 가축 업을 지도하는 차원 높은 일에 종사함으로서 육체노동보다 더 많은 대가를 받을 것을 권하고 있다. 이어 전론 6에서는 맹자의 맥도(貊道 수확량의 20분의 1을 받는 한민족의 선조인 맥 貊의 조세제도)와 걸도(桀道 10분의 1을 받는 주周나라의 조세제도)를 들어 백성이 공가(公家)에 바치는 세금은 20분의 1에 불과하지만 사가(私家, 남의 토지를 빼앗아 겸병 兼倂하는..)에 바치는 세는 10분의 5가 되니 공가는 대맥(大貊)이 되고 사가는 대걸(大桀)이 됨으로서 국가는 가난하여 지탱하기가 어렵게 되고 백성은 백성대로 궁핍하여 자급자족조차 어렵게 된다고 한탄하고 있다. 여전 제도에서는 토지의 비옥함과 척박함을 헤아려 몇 해 동안의 중(中)을 비교하여 일정하게 묶어놓고 오직 큰 흉년에만 나라가 세를 임시로 빌려주었다가 큰 풍년을 만나서 나라로부터 빌린 수량에 따라서 배상하게 한다면 국가에서는 일정한 손실을 확보하게 되고 백성은 또 백성들대로 일정한 공납(貢納)을 하게 됨으로서 모든 폐단이 함께 다스려질 것이라는 것이다. 마지막으로 전론 7에서는 여전의 법을 시행하게 되면 군사(병 兵)를 농민에게 소속시킴으로서 발생하는 종전 제도의 폐단을 크게 개선할 수 있게 될 것이라고 했다. 지금 여에는 여장을 두어 초관(哨官)으로 삼고 이(里)에서는 이장을 두어 파총(把摠)으로 삼고 방(坊)에는 방장을 두어 천총(千摠)으로 삼고 읍에는 현령(縣令)을 두어 그로 하여금 통제토록 한다면 전지는 자연히 마련되게 됨으로 군사는 그 가운데에서 확보케 됨으로 명실상부한 병농(兵農) 일치의 실(實)을 거두게 될 것이라는 것이다. 이상으로서 전론을 모두 살펴보았거니와 이 장편 연재 논설의 주지(主旨)는 백성들을 하나같이 고르게 살도록 한다는 다시 말해서 평등사상이 일관되게 관류(貫流)하고 있다. 홍익인간의 기본 사상으로서의 평등에 대해 천착(穿鑿 깊이 파서 연구함)하고 있는 다산의 집념에 가까운 강한 의지를 읽을 수 있다. 사회학자 신용하(愼鏞夏)도 '다산 정약용의 "여전 제 토지 개혁 사상"이라는 논문을 통해서 정약용의 여전 제 토지개혁론은 첫째 강호(强豪, 토호 土豪)의 토지 겸병과 지주 제도의 폐해를 제거하고 백성의 재산을 균제(均齊 고루 가지런함)케 할 것을 문제의식으로 하여 전개한 이론이다. 즉 정약용은 무엇보다도 먼저 지주 제도의 폐해를 극복하고 사회경제적 균등의 기초 위에서 농업생산력을 증대시키려는 문제의식에서 출발하고 있다고 다산의 일관된 평등의식에 대해 언급하고 있다.

신용하

이상으로 두 실학자에 의해 제기된 다함께 잘사는 손상익하의 정신이야말로 아득한 상고대로부터 연맥(連脈)되어 내려온 홍익인간 구현의 대도(大道) 이었음을 다시 한 번 확인시켜주고 있다.

우주순환 법칙 원용(援用)한 손익괘의 양면성

앞으로 다루게 될 국민주권 직접민주정치의 중심 사상이라고 할 수 있는 손익괘의 현대적 정의를 최초로 시도한 학자로는 과문(寡聞 견문이 적음)의 탓인지 몰라도 아마 동양철학자 중천(中天) 김충열(金忠烈)(1931~2008 전 고려대 철학과 교수)이 유일할 것이다. 그는 1998년 〈주역연구(周易硏究)〉 지에 발표한 '손익괘(損益卦의 논리(論理)와 교훈(教訓)'이라는 논문을 통해 그 중심 사상인 손상익하(損上

益下)와 손하익상(損下益上)의 균형을 잡는 손익괘의 양면성을 명쾌한 논리로 설득력 있게 설명해주고 있다.

손익 괘의 본래 취지는 천지자연의 운행 법칙과 그 궤(軌)를 함께 한다. 이 법칙에 따라 만물은 허(虛)에서 실(實)로 점차 채워지다가 실이 그 극(極)에 이르면 다시 실에서 허 쪽으로 기울어지는 영측(盈昃, 해와 달이 가득 찼다가 기울어짐을 말함)의 교체 반복과정을 되풀이 한다. 그러므로 영원한 실도 없거니와 허도 있을 수 없다는 것이다. 이러한 자연의 섭리(攝理 세상만사를 다스리는 하늘의 뜻)에서 보면 이 쪽의 손(損)은 저쪽의 익(益)이 되고 저쪽의 익은 이 쪽의 손이 되는 셈이어서 절대적인 손(損)과 익(益)은 있을 수 없다는 전제에서 출발하고 있다.

손익괘의 괘 구성을 보더라도 손은 바로 익의 전도(顚倒 위와 아래를 바꾸어서 거꾸로 함)이기 때문에 천지운행의 순환과정을 가고 오는 양행(兩行)으로 나누어보면 각자의 위치에 따라 손이 되기도 하고 익이 되기도 함으로 절대적인 손 익의 이름을 붙일 수 없다. 그런데 인간세의 현실은 이러한 자연계와는 다르다. 특히 정부와 백성과의 관계를 보면 상하가 나누어진 상태에서 정부는 본래 생산을 하지 않는 허(虛)의 상태이고 생산하여 실(實)을 만드는 쪽은 백성이다. 따라서 백성의 입장에서 보면 덜어가는 것은 손(損)이고 보태주는 것은 익(益)이 된다. 그래서 주역 풍뇌익(風雷益) 괘의 단전(彖傳)에서도 아래 것을 덜어다가 위 것을 채워주는 것을 손(損)이라 하고 반대로 위 것을 덜어다가 아래 것을 채워주는 것을 익(益)이라 한다고 규정한 것이다.

국민이 빈약해지면 정부도 위태로워

그러나 노자(老子)의 말과 같이 상(上), 즉 위정자가 도(道)를 터득한 자가 아닌 다음에는 이를 실천하기가 매우 지난(至難) 할뿐만 아니라 대부분은 '여분이 있는 것을 덜어다가 부족한 것을 보완하는 하늘 길(천도 天道)을 버리고 이와는 정 반대로 부족한 것을 덜어다가 남아도는 것에다 보태주는 사람의 길(인도 人道)을 걷는다는 것이다. 이를 다른 말로 바꾸어 말하면 약자인 백성을 착취하여 오히려 위정자를 받드는 것이 세상인심이라는 것이다. 이런 까닭에 자연의 섭리는 위대한 것이다. 언제나 대공무사(大公無私)하게 균형을 잡고 있어 사물이 어느 한 군데로 남거나 부족해지는 현상이 절대로 일어나지 않는다는 것이다. 이 같은 노자의 주장에 대해 유가(儒家)도 그 이치를 모르는 바는 아니나 성인(聖人)이 염려하는 것은 인간이지 자연은 아니라고 되받아치고 있다.

역(易)에 있어서의 변화 생성(生成)이라고 하는 것은 한 몸(整體 지압 指壓이나 맛사아지를 할 때 등뼈를 바로잡거나 몸의 컨디션을 조절하는 것을 말함)속에서 일어나는 현상임으로 그 더하고(증 增) 덜함(감 減)은 자체 내에서의 이동일 뿐이다. 그러므로 어디에 무엇이 생겨났다고 하면 전체 속의 어딘가에 그 만큼의 없어짐이 있어야만 한다. 이 이치대로라면 손괘는 아래(下)는 연못(兌, 澤)이고 위(內)는 산(艮, 山)의 형상을 지닌다. 이 때 산은 평지에서 흙을 파내 쌓아 올린 것이고 그 파낸 자리는 연못이 된다. 옛날에 토성을 쌓는 방법은 바로 이와 같이 성터 앞뒤의 흙을 파내 그 흙으로 가운데 높이 쌓아올리는 방식이었다. 이렇게 앞뒤의 흙을 파서 가운데에 쌓아올리면 가운데는 성이 되고 앞뒤로는 참호(塹壕) 또는 도랑이 생기게 된다. 만약 가운데 성을 더 높이 쌓아올리고자 한다면 결국 성 밑의 참호를 더 깊이 파야만 하는데 그 정도가 지나치면 성은 무너지고 만다. 이는 한 국가가 정부를 세우고 유지하는 이치를 상징적으로 보여주는 것이다. 즉 하 건(乾)의 93 효(爻)를 파내어 상 곤(坤)의 상 6효에 쌓아 올림으로서 아래 건(乾)은 태(兌), 즉 연못이 되고 위의 곤(坤)은 간(艮), 즉 산이 된 것이다.

정부란 마치 손괘가 태하간상(兌下艮上)으로 이루어진 것처럼 국민을 바탕으로 하는 것으로 국민의 물심(物心)을 덜어다가 세운 것이다. 성이 자기 바탕인 밑의 흙을 파 올려서 이루어진 것 일진데 그 높이가 점점 높아진다는 것은 바로 그 바탕이 빈약해지는 결과를 가져오게 된다. 이를 국가정치에 비유하면 정부는 부자인데 국민은 가난한 상황으로, 이렇게 정부의 바탕인 국민이 빈약해지면 결국 정부도 위태롭게 됨을 의미한다. 그러므로 원칙상 어떤 정부의 건전성은 그 자체의 부에 있는 것이 아니라 바탕인 국민의 부에 의존한다고 할 수 있다. 그래서 공자도 " 백성이 풍족하면 인군(人君 국가 정부)이 부족할 리 없고 반대로 백성이 가난하면 국가도 가난할 수밖에 없다"고 한 것이다. 그러나 국가는 이러한 원칙론만으로 그 존재의 진정한 의미와 필요한 기능을 다 발휘할 수는 없다. 국가는 언제든지 외침(外侵)과 흉년 등에 대비하여 백성들의 재물을 덜어서 국고를 확보해 놓지 않을 수 없다. 손괘에서도 이의 필요성을 인정하여 정부가 백성들에 대해 신의를 지키면서 상황의 변화에 따라 적절하게 손하익상(損下益上)의 완급(緩急)과 정도를 조정할 것을 언급하고 있다.

손하(損下)로 늘린 국력 혜민(惠民)으로 돌려

손괘의 괘사(卦辭)는 바로 이러한 손하(損下)의 자세를 말하고 있는 것이다 이를 의역(意譯)하면 "한 국가가 건재하려면 손하 행위는 불가피하다. 다만 국가의 그러한 정책은 백성들의 믿음과 호응을 얻어야 크게 성공할 수 있고 정도(正道)로서 시행할 때 병폐 없이 지속될 수 있다는 것이다. 그리고 백성으로부터 징수한 세금은 마치 제물(祭物)을 아끼고도 엄숙하게 제사를 지내는 것처럼 효과를 배가할 수 있도록 최선을 다해 절약하면서 요긴하게 써야한다는 의미이다. 이렇게 국가가 백성으로부터 거둔 세금을 값

지게 쓸 때 국가를 신뢰하게 될 것이고 백성이 국가를 신뢰할 때 외세의 침범으로 위기에 처한 국가가 내린 동원령에도 백성들은 모든 사사로움을 뒤로 한 체 국난 극복을 위해 목숨을 아깝게 여기지 않는다는 것이다. 이처럼 괘사는 손해(損)를 보면서도 손해로 보지 않고 손해보다 몇 갑절 귀중한 자기보호의 결과(익 益)를 가져온다는 믿음을 주는 것이 손괘의 대의(大義)임을 밝히고 있다.

태(泰) 괘를 바탕으로 한 손(損) 괘의 진행은 태괘의 전도(顚倒)인 비(否) 괘에 도달한다. 비괘는 곤하건상(坤下乾上)의 형상을 이루어 하늘은 더욱 높아져 기세를 부리고 땅은 더욱 낮아져 유약한 상황에 처해있다. 그리하여 하늘과 땅, 위와 아래, 군자와 소인이 서로 반대 방향으로 달려가 교류가 끊어진 상태이다. 이를 정치에 비유하자면 백성으로부터 거두어들인 세금으로 부강해진 정부가 오히려 권위주의에 빠져 백성을 업신여기고 자기의 권력을 유지하고 행사하는 데만 권력을 남용하여 백성을 더욱 도탄(塗炭)에 빠트리는 지경에 이른 것을 말한다. 이렇게 해서 신뢰를 잃게 되면 결국 그 정부는 머지않아 권위를 지탱하지 못하게 된다. 이처럼 양 극단으로 달려 교류가 끊어지게 되는 것이 비(否)괘가 어려움에 빠지게 되는 원인이다. 그러므로 익(益) 괘는 이러한 비(否)괘를 변형시켜 상하의 교류, 즉 모든 존재 사이를 원활하게 소통시켜야 하며 정치에서도 마찬가지로 진정 손하(損下)로 저축된 익상(益上)의 국력을 다시 손상익하(損上益下)의 혜민(惠民)으로 되돌려야만 한다.

그리하여 익(益)괘는 비(否)괘의 초구효(初九爻)와 육사효(六四爻)를 자리바꿈하여 진하손상(震下巽上) 형상을 갖추게 된다. 이 때 본래 유약했던 음(陰)괘 곤(坤)은 양(陽)괘 진(震)으로 바뀌어 백성은 활기를 되찾게 되고 강강(剛强)했던 양 괘 건(乾)은 음 괘 손(巽)으로 바뀌어 국가와 통치자는 유순해져서 백성의 소리에 귀를 기울이고 백성을 위해 일하는 혜민 정치를 강구하게 된다. 그러나 국가는 단순히 재화를 쌓는 저축 창고와 같은 역할에 머무르는 것이 아니라 문화를 창조하는 생산적인 역할을 담당해야한다. 즉 백성들로부터 거두어들인 재화(財貨)를 다른 차원의 것으로 가치를 부가하고 효능을 제고(提高 쳐들어 높임)해서 그야말로 백성들이 새로운 삶을 영위할 수 있도록 이끌어 주어야한다.

자연도 땅의 기운이 상승하여 하늘에 구름이 만들어졌다고 해서 그 구름 그대로를 땅에 내려 보내지 않고 마치 어머니가 음식물을 먹고 젖을 자식에게 먹이듯, 비로 바꾸어 대지를 적셔준다. 이것이 용(龍)의 조화인데 군왕을 용에 비유하는 것처럼 정치도 이와 마찬가지이다. 이처럼 백성의 손해를 기반으로 이루어진 국가의 이익이 여러 가지 문화 형태로 재창조된 뒤에 백성들에게 되돌려지는 것이 진정한 손상익하(損上益下)의 정신이라고 할 수 있다. 결국에는 국민과 국가가 하나로 귀일(歸一)될 수밖에 없는 손익괘의 양면성을 현실정치에 대입하여 풀어낸 결론이 이와 같다.

익(益)도 중용(中庸)을 잃으면 병폐 초래

또 "익(益)은 뚜렷한 목적을 설정해놓고 그것을 추구해가는 혜민(惠民) 행위가 되어야하며 특히 국가에 큰 문제가 생기거나 백성들이 곤궁에 처했을 때 이를 해결하고 구휼하는 데 쓰여져야 한다."고 했다. 그러니까 손해를 입은 만큼 그대로 각자에게 되돌려주는 개인적 차원이 아니라 국가 전체 차원의 특수한 목적이나 미래를 대비한 보다 근본적이고 장구한 계획을 위해 또 다른 손(損)으로 투여(投與)되어야만 한다는 것이다. 이것이 국가 존재의 목적과 기능에 부합하는 일이다. 손괘사(損卦辭)에서는 이유유왕(利有攸往 적극적으로 나아감이 좋다 로 직역됨)이라하고 익(益)괘사에서도 또한 이유유왕(利有攸往)이라고 하였다. 이는 손익 각 괘는 그 나름의 숭고한 목적과 정당한 추구가 바로 손 익 행위의 명분이 되는 것이며 그 명분이 정대할 때 비로소 백성의 신임과 호응을 얻을 수 있다는 것을 의미한다. 말하자면 정치는 백성에게 손해를 입히건 혹은 이익을 보태주건 간에 그 목적과 명분을 정당하게 유지해야한다는 말이다. 단사(彖辭)는 역시 괘사의 부연 설명이다. 그런데 손 괘 보다는 익 괘에서 보다 활기차고 진취적인 분위기를 암시하고 있다는 점이 다르다. "익이란 위의 것을 덜어다가 아래 것에 보태주는 행위로 백성은 한없이 기뻐할 것이다. 위로부터 아래를 향해 내려오니 그 길은 크게 빛나고 넓혀질 것이다. 그러나 정당한 목적을 추구하는 것일 때 백성들은 정도(正道)를 잃지 않고 경사(慶事)를 맞이할 것이요 위난을 극복하고 대사를 성취하는데 유리할 것이다. 이는 마치 배를 타고 노를 저어 큰 강물을 건너는 것과 같다. 결국 익이란 국가가 백성을 교화하고 이끌면 백성들은 더욱 열심히 최선을 다해 따르는 것이니 나라는 날마다 번성할 것이다. 마치 하늘이 비를 내리면 땅은 만물을 생장시키듯이 국가 또는 성왕이 베푸는 익(益)은 온 누리에 퍼져나갈 것이다. 그러나 익의 길도 손(損)의 길과 마찬가지로 시(時)의 변화에 따라서 그에 알맞게 조정되고 진행되어야 한다.

역(易)은 시간을 타고 유행하는 변화의 철학이다. 시간 변화는 모든 변화가 영위(營爲)를 도모할 때 가장 근본적으로 대처해야 할 숙명적 전제이다. 이런 면에서 현세간의 삶을 포기하지 않는 한 생명이 살아가는 데 완전한 자유란 있을 수 없다. 특히 정치행위에 있어서 이 시간 변화에 적중하지 못하고 어긋났을 때는 반대 효과를 가져 올 수 있기 때문에 손(損) 행위에서 시간 변화를 중시했듯이 익(益) 행위에서도 정확한 상황 판단이 매우 중요하다. 익(益)이라고 해서 그냥 주기만 한다고 보탬이 되는 것은 아니다. 자칫 잘못하면 오히려 손해를 가져올 수도 있기 때문이다. 예를 들어 범죄를 사면하는 것이 범죄를 조장할 수도 있고 마치 장마철인데도 논에 물을 대는 행위처럼 중용(中庸)을 잃은 것은 모두 또 다른 병폐를 가져오기 마련이다. 단사(彖辭)

에서는 특히 윤리도덕적인 면을 강조한다. 이는 유가(儒家) 정치의 본질이 덕치(德治)에 있기 때문이기도 하거니와 국가가 백성을 위해 베푸는 이익 가운데 가장 근본적인 것은 물질보다도 정신적인 것, 즉 도덕적 교화에 있기 때문이다. "익괘의 형상을 보면 위에는 바람을 상징하는 손(巽)괘 (바람 아래에 바람이 거듭됨을 상징함)아래는 우뢰를 상징하는 진(震)괘로 구성된 것이 익 괘이다. 이는 위에서 풍교(風敎)를 열어 백성을 선도(善導)하면 아래 백성들은 마치 풀 위에 바람이 지나가면 그에 의지해 눕듯이(풍미 風靡) 교화된다. 그러므로 위정자(군자)가 이 이치를 본받아서 몸소 선(善)을 보여주어 백성들이 이를 본받아 그에게 옮겨오도록 하고 허물이 있으면 이내 고치도록 도와주는 것이 곧 국가가 주는 가장 의미 있는 익(益)이 될 것이다.

"치중화(致中和)의 자세로 균형을 잡아라."

김충열은 이 글을 마무리하면서 손익 괘가 주는 인생 교훈으로 "세상일은 모두 양면성을 지닌다. 흥망성쇄(興亡盛衰) 영허소식(盈虛消息) 등에 담겨있는 교훈처럼 오르막이 있으면 내리막이 있게 마련"이라는 플로로그(머리말)를 제시하고 있다. 즉 주역은 이 양면을 미리 알아서 오르막일 때 교만하지 말고 미리미리 내리막에 대비하고 내리막이라도 절망하지 않고 희망찬 미래를 기약하도록 가르치고 있다고 했다. 세상일이 어느 하나 일면성(一面性)의 직선적 영원은 없다.(무왕불복 無往不復 천지제야 天地際也) 그 대표적인 교훈을 태(泰) 비(否)괘가 잘 보여주고 있다. 일반적으로 태(泰)괘는 순운(順運)이라고 해서 길(吉)한 것으로 알고 있지만 그것도 전반부만이 순운일 뿐 후반부에 가면 쌓아올렸던 성이 무너져 내려 도랑을 매우는 것처럼(성복우황 城復于隍 성아래 못황) 역운(逆運)으로 전환한다. 반대로 비(否) 괘는 역운으로 알지만 그것도 전반부만이 역운일 뿐 후반부에 가면 "휴비대인길 休否大人吉, 구십오효 九五爻" 또는 "경비 傾否, 선비후희 先否後喜, 상구효 上九爻)라고 했듯이 순운으로 돌아선다. 따지고 보면 태(泰) 비(否)는 모두가 반순 반역(半順半逆) 양면을 가진 것이지 전부 순(順)하거나 전부가 역(逆)인 것은 아니다. 그러므로 태(泰)를 만났다고 기뻐만 할 일이 아니고 비(否)를 만났다고 해서 마냥 슬퍼만 할 일이 아니다. 그래서 치중화(致中和 중용을 잃지 않는 덕성 德性을 이룸)의 자세로 시간의 변화에 맞추어 인생의 균형을 잡는 삶을 도모한다는 것이다. 그 대표적인 예로 제시한 것이 바로 손 익 괘의 논리이자 교훈이다.

손(損)하면 우리는 피해망상에 사로잡히기 쉽다. 그러나 세상의 양면성과 돌고 도는 순환의 이치에서 보면 손실(損失) 손해(損害) 손감(損減) 등에만 그치는 것이 아니라 농경문화의 경우처럼 가색(稼穡 농사지음) 적축(積蓄 저축 儲(貯)蓄과 같은 뜻)이라는 반대 의미도 함께 지닌다. 노자도

"치인사천 治人事天 하는 데는 적축(積蓄)보다 더 중요한 것은 없다"고 하지 않았던가? 사시(四時)에 겨울이 있는 것처럼 인생에도 그러한 겨울의 단계가 있어 예측하지 못한 비색(否塞)한 운수를 만날 때가 있다. 그러나 하늘의 길은 참으로 은혜로워 이러한 부면(負面)을 감당할 수 있도록 정면(正面)일 때 여유분을 갖게끔 해준다. 넘치는 양은 분명히 여분이다. 이 여분을 손(損) 괘의 형식으로 다른 허(虛)에다 채워두었다가 그 그릇이 빌 때 다시 채워주는 것이 익(益) 괘의 작용이요 교훈이다. 천도(天道) 전체에서 보면 그 여분이란 분명 어느 부분의 부족분일 것이니 그 부족한 곳을 찾아서 둘 사이의 균형을 맞추어주는 것이 정치의 기본 요령이요 인생살이의 슬기인 것이다.

사람의 일생도 양면성을 가진다. 불법에서는 이를 생로병사(生老病死)라 하였다. 늘 청춘에 머무는 것이 아니고 반듯이 늙어가기 마련이다. 이에 대비하도록 역(易)의 길은 자식을 낳아 기르고 힘써 일하여 재산을 모아 간직하도록 가르치고 있다. 손(損)은 부면(負面)에 겪을 허(虛)와 난(難)을 채우고 극복할 수 있도록 하는, 즉 익(益)을 가져올 수 있게 하는 대비인 것이다. 노자(老子)가 남은 것을 덜어 부족한 것을 보완 할 줄 아는 것은 천도(天道)의 자연 뿐이라고 말했지만 유가(儒家)의 경우 역(易)의 길을 옳게 터득하고 실천한다면, 즉 노자가 말한 천도의 자연을 본 받기만 한다면-사람 또한 남는 것을 덜어 부족한 것을 보완해서 인생 또는 전체의 균형을 잡아갈 수 있는 것이다. 이렇게 생각할 때 태(泰) 비(否) 괘를 바탕으로 변형된 손익(損益) 괘가 주는 교훈은 실로 지대(至大)하고 절실한 것이라 아니 할 수 없다.

향약(鄕約)의 상조(相助)정신과 동학농민운동

홍진(紅塵)에 묻힌 분네 이내 생애(生涯) 어떠한고
옛사람 풍류(風流)를 미칠가 못미칠가....

우리나라 최초의 가사인 정극인(丁克仁)의 상춘곡(賞春曲) 첫 구절이다. 일찍이 신라 말 이곳 태산(太山, 泰仁의 옛 지명)에서 태수를 지낸 최치원(崔致遠)의 풍류를 이어받아 태산만의 독특한 선비문화를 꽃피워낸 정극인, 그는 조선 전기 세조의 왕위 찬탈에 환멸(幻滅)을 느끼고 벼슬을 버리고 일찍이 낙향하였다. 그리고 향약계(鄕約契)라는 주민 자치 조직을 결성하여 중앙 정치 무대에서 이루지 못한 유교의 이상향인 대동사회(大同社會) 건설을 꿈꾸고 실천했다. 이는 역사상 최초의 지방 자치운동으로 아래로부터의 사회제도 개혁의 선례가 되었는데 그가 만든 향약계는 그로부터 60년 후 지치주의(至治主義)를 표방한 조광조(趙光祖)의 정치개혁에도 적지 않은 영향을 미칠 정도로 모범적이었다고 한다. 더 나아가서는 오늘의 민주주의와 비교해도 손색이 없을 민본(民本)사상을 바탕에 깔고 실천에 옮긴 선각자이기도 했다. 지금으로 말하면 아래로부터의 개혁을 주창한 재야 사회운동가였던 그가 태인 일대에서 실시한 향약은 일찍이 그 유례를 찾아볼 수 없는 향촌 문화운동으로 승화되었다. "경사스럽고 기쁜 일은 축복하고 슬프고 궂은일은 반드시 서로 돕는다."는 상부상조 정신으로 뭉쳐 붕우(朋友)간의 우정을 최고의 덕목으로 정하고 이웃 간의 사랑(仁)과 성실 그리고 신의(信義) 등을 중요 강령으로 채택했다. 그 이후 향약은 조선시대의 대표적 농촌 협동체인 두레로 상징되는 공동체 정신을 최대로 발휘하는 결정적 계기를 마련하였다. 필자의 지나친 상정(想定) 인지는 모르겠으나 이 대목에서 묘사되고 있는 주민들의 모습은 앞서 중국 사서들이 다투어 칭송하고 있는 상고대 우리 선조 동이인(東夷人)의 모습을 떠올리게 한다.

이렇게 정극인에 의해 비롯된 향약은 그 후 임진왜란 때 전라관찰사를 지낸 이광(李洸)의 남산동 백발(白髮)회로 이어졌고 그의 손자 택당(澤堂) 이식(李植, 조선 4대 문장가의 1인)이 조부의 유지를 받들어 백발 계를 다시 조직, 학풍을 바로잡고 향약을 실천하였다. 그 후 한동안 향약의 기능이 약화되었으나 1862년(철종 13) 지방 유지들이 뜻을 모아 그 옛날 백발회가 있었던 유지(遺址)에 모현재(慕賢齋)를 세우고 동계(洞契)를 다시 부활하면서 향약을 실천하고 학문을 권장하였다. 시기적으로는 30여년 후가 되지만 군내 고부(古阜)에서 역시 아래로부터의 개혁의 기치를 내

전봉준

걸고 봉기한 한말 전봉준(全琫準)의 농민 혁명운동을 견인한 제폭구민(除暴救民) 보국안민(輔國安民)의 공동체 정신과도 맞닿아있다. 우연의 일치치고는 공교롭게도 전봉준이 젊어서 한동안 태안에 살면서 마을 아이들을 가르쳤다는 전력(前歷)이 있는 것으로 보아 이 때 잡한 향약이 그의 정신적 바탕이 되고 그 후 동학의 조직(접 接)을 활용하여 농민 운동을 일으켰다고 볼 수 있다는 것이다. 게다가 농민운동의 2인자였던 김개남(金開男) 역시 태안 출신이라는 사실로 미루어 볼 때 이들이 향약의 농민 자치 정신뿐만 아니라 바로 그 현장을 지킨 사람들이었음을 알 수 있다.

1894년 정월에 첫 봉기한 농민군은 불과 4개월 만에 전라 좌 우도를 석권(席捲 자리를 말듯이 쉽게 공략함), 전국 곡물 생산량의 거의 절반을 차지하는 53개 주(읍)의 관아 안에 동학의 포교 단위의 하나인 집강(執綱)이리는 이름을 딴 집강소를 설치, 동학교도가 각 읍의 집강이 되어 그 지방의 행정과 치안을 담당하는 지금으로 말하면 농민 자치위원회 격인 일종의 민정(民政)기관 구실을 하게 되었다. 집강소에는 그 수장인 집강 밑에 서기 성찰(省察) 집사(執事) 동몽(童蒙) 등의 부서를 두어 행정 사무를 분담케 하였던 것이다. 집강소에서는 동학농민군이 포고문 등을 통해 정부에 요구한 폐정(弊政) 개혁도 동시에 시행하였다. 그 첫머리는 역시 탐관오리(貪官汚吏)의 숙청이었으며 동학농민군의 참정권 요구, 양반토호들의 탐학 징치(懲治) 척결, 토지개혁 재분배 요구, 노비 해방 등 반 봉건적 개혁 요구와 칠반천인(七般賤人, 이른바 칠천 七賤)의 대우 개선, 노비해방과 함께 모든 천민의 해방을 추진하였다. 이는 그들이 선포한 창의문(倡義文) 그대로 "팔로(八路 전국을 가리킴)가 동심(同心)하고 백성이 뜻을 모아..." 쟁취한 해방구에서 바로 그 백성에 의해 다스려진 때 묻지 않은 순수한 현대직접민주정치의 원형이었던 것이다. 미국 제16대 대통령 에이부러햄 링컨이 노예 해방을 기치(旗幟)로 내걸고 일으킨 남북전쟁 직후 남북의 전쟁희생자들이 묻혀있는 게티스버그 연설을 통해 천명한 현대 민주주의의 정석(定石)으로 일컬어지는 인민의(of the people), 인민을 위한(for the people) 인민에 의한(by the people) 민주정치는 바로 이 고장에서 시스템화해서 잠시나마 실천에 옮겨졌다. 바로 그 살아있는 현장이기도 한 정읍집강소 설치를 기준으로 할 때 31년의 시차가 나지만 "사람이 곧 하늘이니 사람 섬기기를 하늘과 같이 하라"는 최제우(崔濟愚)에 의한 동학 창교(1860)의 근본이념으로 거슬러 올라가보면 이미 모든 신분 차별의 철폐를 주장하고 있어 미국의 노예해방(1868)보다 오히려 8년이나 앞서 있

링컨

다.

동학 혁명 이후로는 추억의 명화로 알려진 '누구를 위하여 종은 울리나'의 역사 현장이기도 한 1936년 7월의 스페인 내전 때는 스페인 인민전선 정부가 이와 유사한 농민 자치를 시행하였으나 프랑코가 이끄는 파시스트 군에

최제우

의해 제압당하고 말았다. 동학 혁명과 스페인 내란과도 40여년 우리가 앞서지만 양자가 다 반봉건, 반 착취, 반침략의 인민 해방전쟁을 수행하였으며 외국의 군사력이 개입한 국제 전쟁이었다는 점에서 세계사적 의의를 띠고 있다고 하겠다.

한편 운남 군관하교 출신인 무정부주의자 시야(是也) 김

김종진

종진(金宗鎭)이 해림(海林)에서 조직한 재만(在滿) 무정부주의자연맹(1929.7)은 청산리 대첩의 영웅 백야(白冶) 김좌진(金佐鎭)이 이끄는 교민 자치기구인 한족 총연합회(신민부를 개편하여 조직한)와 제휴하여 공산주의와 자본주의 모두를 배격하고 일찍이 미국 대통령 에브라함 링컨이 제창한 민주주의의 정석 그대로 인민의 진정한 자치실험을 교민들의 열띤 호응 속에서 추진하고 있었다. 이에 대하여 무정부주의자이자 학자인 허유(虛有) 하기락(河岐洛)은 갑오농민운동의 해외판 부활이라고 예찬하

김좌진

면서 또한 그것은 무정부주의의 실현 가능성을 현실적으로 다시 한 번 입증한 것이라고도 했다. 그러나 하늘의 시샘이었을까. 오래지 않아 신천지를 꿈꾸던 100만 교민의 염원은 산산이 부서지고 말았다. 1930년 1월 중동선 산서(山西) 역전에서 김좌진이 공산 당원에게 저격당한 데 이어 이듬해 김종진 또한 같은 중동선의 해림(海林) 역 부근에서 역시 공산 당원에게 피살되었다. 동학농민운동의 마지막 불꽃은 이렇게 다 태워보지도 못한 채 허무하게 스러지고 말았다.

하기락

홍익인간 제도화 한 조소앙(趙素昂)

홍익인간이 제도적으로 정착된 것은 대한민국 임시정부에서다. 1941년 11월 28일 임시정부가 건국강령을 채택할 때 총강 제1장 2항에서 건국정신을 다음과 같이 밝히고 있다.' 우리나라의 건국정신은 삼균제도에 그 역사적 근거를 두었으니 선민(先民)이 명명한 바 수미균평위(首尾均平位)하면 흥방보태평(興邦保太平)하리라' 하였다. '이는 각 계층

조소앙

각 계급의 지력(智力)과 권력과 부력의 향유를 균평하게 하며 국가를 진흥하며 태평을 보유하게 함이니 홍익인간 이화세계(理化世界)하자는 우리 민족이 지킬 바 최고 공리(公理)이다' 이 때 이화세계는 삼국유사의 원문 재세이화(在世理化)와 같은 뜻으로 '신이 세상에 살면서 정치와 교화를 베푼다.' 또는 '인간이 신의 뜻에 따라 진리로 이끌어간다'로 해석된다. 건국강령의 바탕을 이룬 것은 임시정부의 골간을 세운 이론가였던 조소앙(趙素昻)의 삼균주의다. 자유로우면서도 세계평화를 추구하는 삼균주의로서 홍익인간 이념을 구체화시킨 것이다.(졸저 쟁점으로 푸는 역사 이야기 121p 홍익인간과 평등사상 중에서)

조소앙이 삼균주의를 최초로 제창한 것은 1930년 1월 한국 독립당을 창당하면서 그 당강(黨綱) 당의(黨義)로 이를 채택하면서부터이다. 이듬해 이를 대외적으로 공표하게 되는데 그 내용에 의하면 " 민족 균등(均等)주의란 국내에서는 사람과 사람이 권리를 고루 누리는 것을 말한다. 무엇으로 고르게 할 것인가. 보통선거로서 정권을 고르게 하며 국유로서 이권을 고르게 하며, 공비(公費)로서 학권(學權)을 고르게 한다. 대외적으로는 민족자결의 권리를 보장하여 민족과 민족, 국가와 국가의 불평등을 제거한다고 되어있다. 그리고 마침 이 무렵 미국 발 경제공황이 세계 자본주의를 강타하고 있던 때라 사회주의적 성격이 강한 삼균주의 정책이 무리 없이 받아들여졌다. 뿐만 아니라 우파로 분류되는 안창호의 대공(大公)주의 또한 민족평등 정치평등 경제평등 교육평등을 기초로 하는 민주공화국 건설을 주장할 정도로 당시 삼균주의가 널리 호응을 받고 있었다는 이야기다.

안창호

그러나 조소앙은 우리가 인식하는 그런 사회주의자는 아니었다. 확실한 좌 아니면 우 라야 살아남을 수 있었던 혼돈기(混沌期) 해방 공간에서 이른바 중도주의가 발붙일 공간이 없었던 시기에도 삼균주의 전도사를 자처하며 버젓이 사회당을 창당하여 정치활동을 했던 조소앙을 보통 좌익이라 부르고 일부 극우파에서는 빨갱이라고 부른다. 북의 김일성과 대좌한 남북협상에 참여한 김구도 빨갱이라고 매도하는 판에 조소앙을 그 동렬에 올리는 것은 어쩌면 당연한 일인지도 모른다. 그는 망명시절에도 사회당을 조직 활동하였고 후에 탈퇴하긴 하였지만 본격적인 좌파 정당이었던 김원봉 김규식의 민족 혁명당에 참여하기도 하였다. 그의 사회당에 대한 애착은 의외로 커 유럽에서 열린 여러 국제 대회에 사회당 대표로 참석하면서 국제적인 견문을 넓혔고 특히 그 후 2년간 유럽에 머물면서 사회주의자들과 교류하는 과정에서 그의 신념은 더욱 확고해진 것 같다. 유럽식 사회민주주의로 굳어졌다는 말이다.

거기에다 조소앙에게는 플러스 알파가 하나 더 있다. 그것은 단지 유럽식 사회주의에 머무르지 않고 주권이나 삼균이나 특히 토지의 국유화는 모두 그 논리의 근거를 전통사상으로부터 찾는 그야말로 한국 고유의 사회주의를 추구하였다는 것이다. 1930년대 사회주의 풍조가 풍미하던 시절인데도 일관된 그의 신념이 삼균주의에 더욱 활기찬 생명력을 불어넣은 것이다. 해방 후 그가 사회당을 창당할 때는 이승만이 참석하여 축사를 하였는데 완고한 반공주의자였던 그도 "이런 사회주의라면 가장 효과적인 반공(反共)을 할 수 있을 것"이라고 조소앙을 격려하였다는 유명한 일화(逸話)가 전해오고 있다. 임정 시절 두 사람의 두터운 교분도 있었지만 의회주의를 신봉하는 유럽식 사회민주주의에 대한 이해가 깊었던 이승만에게는 오히려 당연한 일로 받아들여졌던 것이 아닌가 여겨진다.

손문

삼균주의를 보다 정확하게 이해하기 위해서 창도 시기(1920-30)와 이름 자체가 서로 닮은 손문(孫文)의 삼민(三民)주의와는 어느 점이 서로 같고 서로 다른가를 비교하여 보면 첫째로 민족주의는 중국인이 1개 민족으로 결합하여 외세의 침략으로부터 자국을 구출하고 민족 독립을 성취한다는 것이고 둘째 민권주의는 국가의 주권이 확고하게 인민에게 장악된 이른바 국민주권론을 확립한 것이다. 마지막 민생주의는 자본가가 은행이나 철도 등 공공 대기업을 독점함으로서 국민생활에 미치는 막강한 영향력을 완화 또는 차단하기 위해서 국가가 직접 경영토록 하는 대기업 국유화와 함께 역시 같은 취지로 대지주의 토지 독점을 방지하기 위해서 이를 국유화하고 경자유전(耕者有田)의 원칙에 따라서 소작인에게 논밭을 나누어주도록 하였다. 이상과 같이 삼민주의는 각기 유럽의 민족주의와 민주주의 사회주의를 그대로 옮겨다 놓은 듯 한데 마지막 민생주의 이론은 삼균주의의 균부론(均富論)과도 흡사하다는 점에서 당시의 시대조류였던 사회주의의 영향력이 얼마나 막강했던가를 실감케 한다.

조소앙의 생애는 극적인 사건과 요소들로 늘 바람을 몰고 다니는 풍운아다운 부침(浮沈)과 기복(起伏)의 연속이었다. 15세(1902) 때 성균관에 입학한 그는 이 무렵 주일공사(주차 駐箚 일본국 특명전권공사)로 부임하여 일본에 각종 이권을 넘겨주는 등 온갖 친일행위를 자행하던 이하영(李夏榮,1858-1919 을사늑약 시 법무대신) 등의 매국음모를 규탄하는 성토문을 신채호 등과 함께 작성하여 발표하였다. 그 뒤 과연 이하영은 충청 황해 평안도 연안의 어로권을 비롯한 여러 국가적 이권 뿐 아니라 심지어는 일본 헌병대에 수도(한성 漢城) 치안권까지 넘겨주는 등 망국적 친일 행위를 서슴지 않았다. 1909년 일본 메이지(明治)대학 (법학부) 재학 시절에는 조선인 학생의 각 단체를 통합한 대한

흥학회(興學會)를 조직하여 그의 생애를 일관하는 통합의 정치철학을 첫 실험하고 다시 1911년에는 조선 유학생회를 창립한다. 1913년 중국으로 망명해서는 진과부(陳果夫) 등 중국 혁명가들과 대동단결을 표방하는 항일단체 대동당(大同黨)을 조직하고 30세 전후해서는 정치적 종교적 통일로 민족의 대동단결을 이끌어내고자 육성교(六聖敎, 단군을 비롯하여 세계 성인 6명을 받드는 종교)라는 종교 단체를 결성하는 등 그의 모든 노력은 오로지 항일투쟁 역량의 결집 강화로 모아졌다.

조소앙이 1948 4월 남북협상에 참여하고 돌아와 그 길로 한독당과 결별을 고하고 그해 12월 사회당을 창당, 이승만의 단정(單政 남한만의 단독정부) 노선에 합류한 것은 그가 북에 갔을 때 직접 목격한 북의 사회주의가 그들의 종주국인 쏘련의 그것보다도 오히려 더 교조주의적(教條主義的)임을 확인하고 삼균주의야 말로 이에 대한 확실한 대안임을 확신하였기 때문일 것이다. 1950년 5. 30 총선거에 출마(서울 성북구)하여 전국 최다 득표(3만 4천여 표) 당선이라는 또 하나의 기록을 세웠다. 그러나 국회가 열린지 채 한 달도 안 되어 일어난 6.25 전쟁 중에 납북되어서도 그는 통일의 꿈을 접지 않았다. 반 영어(囹圄 감옥에 갇히다) 상태의 어려운 여건 속에서 그는 1954년 김일성과의 단독면담을 성사시키고 그 자리에서 주변 강대국들의 이해가 얽혀있는 틈바구니에서 살아남기 위해서는 영세 중립 통일 방안 이외에는 다른 대안이 없다고 설득하였다는 것이다. 그로부터 2년 후인 1956년 7월 2일 그가 대표를 맡고 있던 납북(拉北) 인사 단체인 평화통일 촉진협의회가 개최한 시국 선언 대회의 행동 강령으로 남북한의 중립화 통일을 골자로 하는 7개항의 결의문을 채택했는데 이는 그 이후 북한이 남한에 여러 차례 제의해온 중립화 통일 방안의 모본(母本)이었던 것으로 알려지고 있다.

오로지 조국 광복의 꿈을 안고 이역만리 망명지에서 30수년간을 참고 견디어 온 그가 정작 그가 그렇게도 애타게 그리던 조국 땅(비록 반쪽이지만)에 돌아와서는 자유마저 잃고 고달픈 삶을 강요당하다가 1958년 9월 9일 71세를 일기로 쓸쓸이 눈을 감으며 남겼다는 그의 마지막 말 유언이 마치 깊은 산사(山寺)에서 들려오는 저녁 종소리처럼 유현(幽玄)한 여운을 울리고 있다.

"삼균주의 계승자를 보지 못하고 가는 것이 못내 아쉽다." 라면서 죽는 그 순간까지 그는 필생의 승부를 걸었던 삼균주의에 대한 강한 미련을 떨치지 못했다고 한다. 그리고 한 편의 대서사시(大敍事詩)의 마지막 연(聯)을 다음과 같은 극적인 '대사'로 마무리했다고 한다.

"독립과 통일의 제단에 나를 바쳤다고 후세에 전해 달라"
(졸저 역사의 고향으로 떠난 사람들 16 삼균주의 중에서)

서구(西歐)평등과 동양 평등의 차이

조소앙이 삼균주의를 제창할 당시만 해도 서구 사상은 선망(羨望)의 적(的)이었고 최고선(最高善)이었다. 그래서 미처 취사선택할 겨를조차 없었고 설사 그 속에 잡티가 끼어 있다고 하여도 이를 걸러낼 만한 여유는 더더욱 없었다. 지금도 외래 사상에 대한 무비판적인 수용 태도는 별반 달라진 게 없지만 이른바 민주주의를 처음 대할 당시에는 더더욱 그랬을 거라는 생각이 든다. 지금까지 여러 장르에 걸쳐 홍익인간의 기본 요소인 평등에 관하여 강조해왔는데 이 사상 역시 그런 범주에 속하는 대표적인 서구 사상 가운데 하나이다. 그런데 그것이 지나치게 직선적이고 또한 평면적이다보니 오늘날과 같이 다양하고 복잡한 생활을 마름(재단裁斷)하고 영위하는 데 오히려 족쇄(足鎖)가 되고 있다는 사실을 안 것은 값비싼 대가를 치르고 난 훨씬 후의 일이다. 현대 사회의 각 분야에서 수시로 불거지고 있는 갈등과 알력(軋轢, 의견이 서로 충돌됨)의 요인들이 대부분 서구식 평등의 오용(誤用) 내지는 과잉에서 연유되고 있다는 것이다. 특히 경제에서 근본적으로 평등이라는 대전제를 바닥에 깔고 있는 좌파들이 애용하는 이른바 '분배의 정의'라는 것도 그 화려한 명분과는 달리 자칫 포퓰리즘이라는 유혹에 빠져 '공멸의 늪'으로 초대 받기가 십상이다. 서구 사회에서도 이미 실험이 끝난 것으로 알려진 이른바 보편적 복지의 폐해가 그토록 크다는 것이다. 좌우 파를 불문하고 지식인들의 화두가 되고 있는 교육 평등 또한 당초 의도와는 달리 결과적으로 하향평준화를 촉진하게 되어 우리와 같은 자원 빈국의 마지막 보루(堡壘)라고 할 수 있는 인적 자원까지도 잃게 되는 우(愚)를 범 하게 된다는 것이다. 많은 지식인들이 지적하는 바와 같이 자유민주주의가 보장하는 평등은 기회의 평등이지 결과의 평등이 아닌데도 불구하고 정치인들은 선거 등 경쟁을 통해서 당장 구체적 성과를 제시해야만 하는 정치적 목적 때문에 평등 일변도로 무리하게 밀고 나가다가 결국에는 한 나라까지도 파국으로 몰아가게 된다는 것이다.

그런 의미에서 서구 민주주의가 추구하는 평등이란 엄밀하게 말해서 평등이 아니다. 평면적인 동등(同等)이라야 맞다. 굳이 평등이라는 말을 고집한다면 그것은 의제적(擬制的) 평등이지 순수한 본래의 평등은 아니라는 것이다. 의제적이란 본질이 서로 다른 것을 법률적으로만 같은 것으로 보고 같은 효과를 부여하는 것을 말한다. 즉 실제로는 평등하지 않은데 법률상으로만 평등하다는 뜻이다. 이것을 우리는 실제로도 평등한 것처럼 여기고 또 그렇게 행동하고 있으니 어찌 혼란이 일어나지 않을 수 있겠는가.

정치인들은 이런 속내를 뻔히 다 알면서도 '우선 먹기는 곶감이 달다'고 머릿수로 말하는 선거에서 이기기 위하여 짐짓 포퓰리즘을 남발함으로서 이런 악성 평등 바이러스를 경쟁적으로 더 많이 더 널리 퍼뜨리는 데 골몰하고 있다.

일반적으로 평등의 개념은 '차별 없이 균평하다.' 이다 즉 평균하고 동등하다는 것을 말한다. 이는 원래 인간이 태어나면서부터 평등하다는 자연법사상을 배경으로 하여 시민계급이 봉건적 신분차별의 철폐를 요구함으로써 확립된 것이다. 이것이 다시 민주주의 사회에서 법의 적용이나 입법상 인종 신조(信條) 성별 가문 사회적 신분 등에 따라 모든 면에서 차별받지 않는 것으로 발전한 것이다. 결국 이를 요약하면 특권의 철폐와 기회의 균등을 요구하는 사회 윤리상의 근본관념이라고 할 수 있는데 서구의 평면적이고 산술적인 평등을 강조한 나머지 수직적인 차등의 평등을 보지 못하는 우(愚)를 범하게 된다는 것이다. 좀 극단적인 예가 되겠지만 북한에서 공산주의의 평등을 강조한 나머지 '아버지 동무' '시어머니 동무'하는 식의 호칭이 버젓이 통용되고 있다는 웃지 못 할 에피소드가 그런 유(類)에 속한다고 할 수 있을 것이다.

원래 우주의 만유는 차등(差等)으로 성립된 것이다. 저차적(低次的)으로 근시(近視)하는 것을 사람 개개인의 얼굴이 다르듯이 이(異)로 본다면 고차적(高次的)으로 원시(遠視)하는 것을 사람이라는 유(類)가 같듯이 동(同)으로 보는 것이다. 다시 말해서 차위(差違, 차별되고 다르다)가 있는 등급을 차등이라고 하는데 이렇게 형성된 입체에는 반듯이 차등이 있게 마련이다. 하늘과 땅의 높고 낮음이 차(差)요 수륙의 평면을 동(同)이라 할 때 차는 종적(縱的)으로 다른 것이고 동은 횡적으로 같은 것이다. 예(禮)라고 하는 것은 이와 같은 우주의 차등을 본으로 삼아 성인(聖人)이 인간의 차등을 규정한 것이다. 즉 예별존비(禮別尊卑, 예로서 존귀하고 비천한 것, 즉 높고 낮은 것을 차별함)하니 예는 차별하는 것이고 등지이례(等之以禮 예로서 평등함)하니 예는 또한 평등하게 만드는 것이다. 이와 같은 예의 양면성 가운데 진정한 평등이 있다는 말이다.

가령 부자유친(父子有親) 할 때 부자는 높고 낮음이 엄연하지만 동시에 친(親)을 매개로 해서 평등하게 된다는 것이다. 다시 말해서 종적인 차이가 있음에도 횡적인 같음도 함께 하고 있다는 뜻이다. 즉 '불평등을 불평등하게 대우하는 것을 평등이라고 한다면 불평등을 평등하게 대우하는 것은 곧 불평등하게 된다는 등식(等式)이 성립되는 것이다. 서구의 평등관으로 보면 후자는 분명히 평등이 되지만 이를 동양적인 관점에서 보면 그것은 가장 전형적인 불평등이 되는 것이다. 이렇게 서로 어긋나는 동서의 평등관을 구별하지 않거나 못하고 일률적으로 서구의 평등을 평등으로 착각하고 있는 게 바로 우리의 현실 정치요 경제라는 것이다. 대소선악이 서로 같지 않은 인간에게는 같지 않은 만큼 차등을 두어 대우하는 것이 정상인데 이런 평등의 등식이 무너져버렸기 때문에 우리 사회에는 악이 선을 구축(驅逐 몰아내다)하는 이른바 그레샴(Gresham) 범칙이 횡행하고 있다. 사회혼란의 직접 원인이 바로 여기에서 비롯되고 있는 것이다.

건국정부의 교육이념으로 채택된 홍익인간

해방이 되어 일제 치하에서 이 나라의 정통성을 지켜온 임시정부가 환국하였으나 불행이도 당시는 미군정하 이였기 때문에 홍익인간을 건국정신으로 수용하지는 못하였다.

대신 1945년 11월 23일 미 군정청 교육심의회 제 4차 회의에서 교육 이념으로 채택 제정하니 "홍익인간의 건국이념에 기(基)하여 인격이 완전하고 애국정신이 투철한 민주국가의 공민(公民)을 양성함을 교육의 근본이념으로 한다." 고 밝히고 있다. 홍익인간 이념을 맨 처음으로 제안한 백낙준(白樂濬)은 홍익인간 이념은 그 유래가 〈삼국유사〉나 〈제왕운기〉보다 훨씬 옛적부터 전해온 것이며 우리 민족의 이상을 가장 잘 표현하고 있기 때문에 대한민국의 교육이념으로 손색이 없다고 강조하고 있다(백락준 저 〈한국교육과 민족정신〉 문교사 1953 중에서)

홍익인간 이념은 대한민국이 건국된 후 교육법이 제정되면서 교육이념으로 정식 결정되었다. 1949년 12월 31일 정식 공포된 교육법에서는 그 제1조에서 교육의 기본이념을 '교육은 홍익인간의 이념 아래 모든 국민으로 하여금 인격을 완성하고 자주적 생활 능력과 공민으로서의 자질을 구유(具有)케 하여 민주 국가 발전에 봉사하며 인류 공영의 이상 실현에 기여하게 함을 목적으로 한다.'고 정의하고 있다.

교육법 제 2조에서는 제 1조의 목적을 달성하기 위하여 모두 7가지의 교육 방침을 제시하고 있는데 그 구체적인 실천 의지가 번득이고 있다. 1. 신체의 건전한 발육과 유지에 필요한 지식과 습성을 기르며 아울러 견인불발(堅忍不拔 굳게 참고 견뎌 마음을 빼앗기지 않음)의 기백(氣魄)을 가지게 한다. 2.애국 애족의 정신을 길러 국가의 자주 독립을 유지 발전하게 하고 나아가 인류 평화에 기여하게 한다. 3. 민족의 고유문화를 계승 앙양(昻揚)하며 세계문화의 창조 발전에 공헌하게 한다. 4. 진리 탐구의 정신과 과학적 사고력을 발양(發揚)하여 창의적 활동과 합리적 생활을 하게 한다. 5. 자유를 사랑하고 책임을 존중하며 신의와 협동과 경애의 정신으로 조화(調和) 있는 사회생활을 하게 한다. 6. 심미적(審美的) 정서를 함양하여 숭고한 예술을 감상(鑑賞) 창작하고 자연의 미를 즐기며 여유의 시간을 유효히 사용하여 화해(和諧 서로 화합함) 명랑한 생활을 하게 한다. 7. 근검노작(勤儉勞作)하고 무실역행(務實力行)하여 유능한 생산자요 현명한 소비자가 되어 건실한 경제생활을 하게 한다. 한민족의 시원으로부터 수천 년에 걸쳐 연맥되어 내려온 홍익인간 이념의 정점(頂點)을 찍고 다시 태어난 것처럼 생동감 넘치는 건국이념의 진면목을 다시 보는 듯하다.

그러나 이와 같이 제도화로 정착하기까지 한 홍익인간 이념은 그 영향력을 더 이상 확대시키지 못하고 시간이 갈수록 오히려 약화 위축(萎縮)되는 쪽으로 퇴행(退行)을 거듭하게 된다. 애초에 교육 이념으로 채택할 당시부터 이를 주도한 백락준 안재홍 등 국학자들과 대립했던 오천석(吳天錫) 등 미국 교육학(주로 듀이의 실용주의 학파) 전문학자들과의 갈등의 연속이었다고 할 수 있다. 앞서 주류 사학자들이 또한 홍익인간을 외면하고 있다고 하였는데 이를 가장 강하게 공격해온 세력의 주류는 마르크시즘의 유물사관(唯物史觀)을 신봉하는 공산주의자들과 미국식 학문과 종교로부터 세례(洗禮 쏟아지는 공격 비난 제재 制裁 따위) 받은 서구(西歐)주의자들로 대별할 수 있다. 정치적 필요에 따라서 역사까지도 바꾸는 북한에서는 1993년 10월 단군릉 발굴을 계기로 지난날 복고(復古)주의 반동사관(反動史觀)이라고 공격하던 단군의 실존을 들고 나오면서 홍익인간도 따라서 부활하게 되었다. 그러나 끝내 홍익인간이라는 용어는 쓰지 않고 이를 한글로 풀어서 '인간을 이롭게 함직 함으로.' 로 대신 쓰고 있다.(정영훈 '홍익인간 이념과 21세기 한국 서설 (序說)' 중에서)

정영훈

이어 1968년(12월 5일)에는 국민교육 헌장이 선포되었다. 철학자 박종홍(朴鍾鴻) 등이 기초한 헌장은 '유구한 역사와 여명(黎明)에 이 강산에 터를 잡았던 우리 조상들은 홍익인간의 정신으로 만민이 공영하는 삶의 터전을 닦았으며 착하고 깨끗하고 부지런한 성품과 밝은 세계를 갈구(渴求)했던 한겨레의 이상은 우리 민족정신의 원천을 이루었다.'고 한민족 웅비(雄飛)의 기상을 찬미하고 있다. 그러나 얼마 뒤 홍익인간이 들어간 구절이 '조상의 빛난 얼을 오늘에 되살려'로 바뀌면서 아예 빠져버렸다. 그 뿐만이 아니다. 1994년 8월에는 국민교육 헌장 자체를 중 고등학교 교과서에서 삭제해버렸다. 헌장이 선포된 지 25년 만이다. 유신(維新,10월 유신을 말함)의 잔재(殘滓)라는 이유에서다. 그리고 1997년 12월 13일 교육 기본법이 개정될 때 홍익인간 이념은 1조에서 2조로 밀려나면서 내용도 "교육은 홍익인간의 이념 아래 모든 국민으로 하여금 인격을 도야(陶冶 심신을 닦아 기름)하고 자주적 생활능력과 민주 시민으로서의 필요한 자질을 갖추게 하여 인간다운 삶을 영위하게 하고 민주국가의 발전과 인류 공영의 이상을 실현하는데 이바지하게 함을 목적으로 한다."로 수정되었다. 우리는 이렇게 홍익인간을 속된 말로 '놓자니 아깝고 들자니 무겁고' 거추장스러운 존재쯤으로 취급하고 있는데 반해 오히려 외국의 지성들은 이를 한국 교육의 질적 발전을 위해 반드시 되살려야 할 한국의 전통이라고 극구 예찬하고 있다. 그러면서 홍익인간 정신의 핵심은 모든 사람이 자신의 가치를 깨닫는 것이며 그 깨달은 가치를 나를 넘어서 다른 사람, 사회 국가, 그리고 이 지구를 위해 쓰는 것이라고 인류 공

박종홍

동체 윤리로까지 승화시키고 있다.(엠마뉴엘 패스트라이쉬의 '한국인만 모르는 다른 대한민국' 중에서)

'헌법 전문(前文)에 도입된 홍익인간'

이와 같이 헌법은 고사하고 교육법에서조차 뒤로 밀려난 홍익인간은 비록 민간 차원이기는 하나 한 통일 단체가 전개한 헌법 개정운동을 통해서 헌정(憲政) 사상 최초로 헌법 전문(前文)에 도입함으로서 홍익인간의 역사를 다시 쓰게 되었다. 사단법인 통일건국민족회(회장 최치영 崔致榮 일명 최봉수 崔鳳秀 1928~)가 1997년 6월 16일 자로 권오을(權五乙 15~17대 국회의원) 의원을 소개의원으로 하여 국회에 제출한 '국민주권 직접민주정치 개헌안' 전문에서 '한

최치영

민족의 개천 사상인 홍익인간 이념과 3.1운동으로 건립된 대한민국 임시정부의 법통과 불의에 항거한 4.19 민주이념을 계승하고...'라 하여 그동안 3.1운동에 머물러 있던 건국정신의 연원을 단군조선 반만년으로 상향설정 하는 쾌거를 이룩하였다. 이 운동을 주도한 최치영은 6.25 전쟁 중에 고향인 강원도 금화(金華)에서 홀로 사선(死線)을 뚫고 월남한 1세대 탈북 민으로 이후 몇 십 년 동안 북에 두고 온

부모 형제의 생사조차 모르는 안타까움과 그 먹물 같은 한(恨)을 달래기 위해 통일 단체를 결성, 통일을 염원하는 헌법(국민주권직접민주정치개헌)을 제정하는 등 통일 촉진 운동을 전개하게 된 것이다. 그리고 통일 단체를 결성하기 훨씬 이전부터 10월 상달이 되면 길일을 택해 신라의 삼국통일과 왕건 태조의 후삼국 통일의 현장인 황산벌 지척 충남 논산시 연무읍 소룡리 언덕에 모은 제단(祭壇)에서 근 30년에 걸쳐 통일 기원 천제(天祭)를 거행하는 등 그의 지극한 정성이 하늘에 사무치고도 남았을 연륜(年輪)으로 점철(點綴)되어있다.. 보통 천제하면 가을 수확기를 맞아 감사의 표시로 천신(薦新 햇곡식을 먼저 신위 神位에게 바침)하는 연례행사로만 알고 있는데 그의 천제 개념은 천체 물리학적인 근거에 바탕하고 있다는 그의 설득력 있는 주장을 한 번 들어보자.

권오을

그의 저서 〈천명(天命)의 문 심명철학(心命哲學)(1999)〉에 의하면 만유 존립의 근거인 태극(太極)운동에 의해서 양수(陽數 1 3 5 7 9)를 원형으로 연결하는 양기(陽氣)가 중앙의 5토(土) 축(軸)을 포위하고 또한 음수(陰數 2 4 6 8)인 음기(陰氣)가 각각 10토(土) 축을 포위하고 있는데 이때 음선과 양선이 안팎으로 교가(交加)하는 위치에 천지(天地)의 기운이 출입하는 천문(天門)과 지호(地戶)가 열린다는 것이다. 그 서북방에 북극 자장(磁場)이 있고 남방에 남극 자장이 있는데 이 때 천문은 북극성과의 인력으로 지축을 중심으로 23.5도의 경사도를 유지하면서 정기(精氣

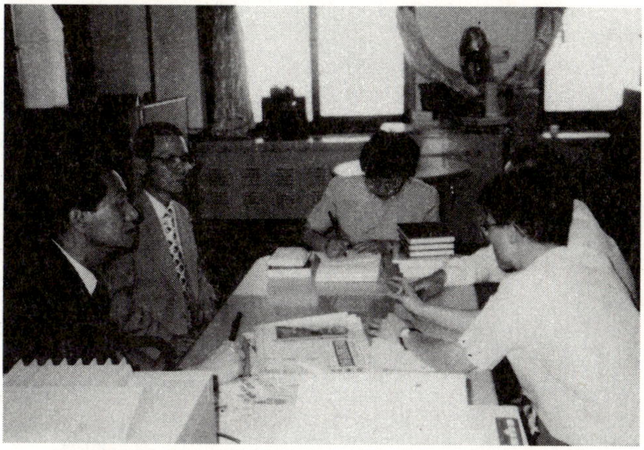

1997년 6월 16일 헌정사상 최초의 '국민청원에 의한 국민주권직접민주정치 개헌안을 (15대) 국회사무처에 제출하고 있다. 접수하는 사무처 직원 왼쪽 첫째가 필자이고 오른쪽 첫째(앞모습)가 권천문 공동 대표이다.

명의 원천이 되는 원기)의 교관 작용을 한다는 것이다. 특히 10. 11월의 음양력 개천절(開天節) 무렵이면 열린다는 이 문(천문)을 통해서 이른바 '하늘'과의 교감(交感)이 이루어진다는 것이다. 그래서 앞으로 우주여행을 할 때에는 서북방의 자장권(圈)이 열렸다 닫혔다하는 시기를 정확히 포착하여 우주의 인력에 편승, 탈출하면 아주 편하게 우주여행길에 오를 수 있을 것이라는 전망까지 내어놓고 있다. 이는 가상(假想)이 아닌 동서 천문학이 다 같이 인정하고 있는 과학이다.

Democracy의 위기(危機)와 기회

요즘 한 발작도 앞으로 나아가지 못하고 있는 국회 운영을 둘러싸고 그 논란의 한복판에 서있는 국회의장(정의화 鄭義和)이 지난 시무식(2016) 석상에서 던졌다는 화위정수(和爲政首)라는 화두는 그 전거(典據)가 분명치 않은 문자임에도 불구하고 정치에 대한 정확한 해석을 내렸다는 점에서 평가 할만하다. 화합이 정치의 으뜸이라는 것인데 정치란 한마디로 화합으로 합의를 이끌어내는 지혜와 역량을 발휘하는 과정이다. 여기서 강조하고 있는 진정한 화합과 통합이란 서로 지향하는 가치를 인정하고 법과 원칙에 따라 의견을 모아가는 민주적인 자세를 통해서만이 이루어진다는 화백의 원리와도 절묘하리만큼 맞아떨어지기 때문이다. 우연의 일치인지는 모르겠지만 글머리의 고루 화(和)자가 또한 화백의 화(和)와 서로 같다는 점에서도 가히 화백의 연원(淵源)으로 자리매김 해도 손색이 없는 성구(成句)라고 이를만하다.

정의화

그런데 화백의 구성원에 대해서 신당서에는 재상(宰相 상대등 같은)이하 태부령(太府令, 말단 관원을 이르는 듯)에 이르는 범십유칠등(凡十有七等)의 관원들이 반드시 참여하여 안건(사필여 事必與)을 중의(衆議)로서 결정한다고 하여 마치 고대 그리스 아테네의 아크로폴리스 언덕에서 열렸다는 광장(廣場) 민주주의를 연상케 한다. 안재홍(安在鴻)같은 학자는 이를 두고 백성들이 서라벌 알천(閼川)변 모래사장에 모여 화백회의를 열었다고 그리스 광장 민주주의 못지않은 한국 민주주의의 시원을 드라머틱하게 묘출(描出 그려냄)해내기도 한다. 이에 반해 이기백(李基白) 등 일부 학자들은 서라벌 육촌장이 군왕을 천거하던 부족장연맹 시대에서 발전한 귀족 회의로 축소해석하고 있어 원문(신당서)과는 현격(懸隔 썩 동떨어짐)한 차이를 드러내고 있다.

우리나라 민주주의의 시원으로 일컬어지는 화백 제도와 그 정신을 계승한 국민주권 직접민주주의는 그런 의미에서 '현대판 화백'이라고도 할 수 있다.

이 장(章)의 본론에 들어가기에 앞서 민주주의(서구민주주의)를 어떻게 도입하였는가 하는 경위부터 살펴 볼 필요가 있을 것 같다. 민주주의가 2차 대전 종전(해방)과 함께 미군을 따라 우리나라에 상륙한지도 어언 70년을 헤아린다. 작전상 점령 지역에 진주하는 미군에 의해 어느 날 갑자기 들어온 민주주의에 대해 우리는 아무런 예비지식도 없었고 그 장단점을 헤아릴 수는 더더욱 없었다. 말하자면 이식(移植 옮겨 심다.)되었다는 표현이 오히려 더 어울릴 것이다. 본래 외래 사상에 대한 적응력이 유난히 뛰어난 한국인에게는 민주주의는 이즘(사상체계) 이기에 앞서 하나의 신화(神

話)로 다시 태어나게 되었다. 그러나 이제 그 신화는 빛을 차츰 잃어가고 있으며 이 나라 민주주의 70년사의 결산서는 적자(赤子)로 얼룩저가고 있다. 아이러니컬하게도 그 원인은 민주주의 그 자체의 본질 속에 이미 잉태(孕胎)되어 있었다. 우리가 항용 민주주의라고하는데모크라시

아리스토텔레스

(democracy)의 어원인 그리스어의 데모크라티아(democratia)가 그것을 말해주고 있다. 즉 대중 인민을 의미하는 데모스(demos)와 권력을 의미하는 크라티아(cratia)를 결합하여 '인민의 권력에 의한 정치 형태를 표시 한 데서 유래한다. 투표로 승부를 가름하는 사회에 있어서는 이는 대중 지배 또는 다수 지배(majority rule)를 의미하는 것이다. 그래서 아리스토텔레스 같은 철인은 데모크라시를 우중정치(愚衆政治)라고 명명하고 진실 된 조화와 균형이 취해지는 민주주의 정치를 폴리티(polity), 즉 '온건한 민주정치'로 구별하고 있다. 이와 같이 데모크라시는 질(質)적인 면보다는 양(量)적인 다과(多寡)에 의해 권력의 향배(向背)가 결정되기 때문에 다수 획득을 위한 과잉 경쟁의 와중(渦中)에서 불거지기 마련인 갖가지 부작용이 도리어 민주주의 자체의 존립(存立)마저 위협하는 주객전도(主客顚倒) 현상까지 일어나고 있다. 3.15 부정선거와 4.19 혁명은 그 전형적인 역사적 사례가 될 것이다.

선거판에서는 서로 맞붙어 경쟁(사실은 투쟁)하는 당파간이나 후보자 간에 다수표만을 의식한 나머지 선동적인 인기전술과 금력 권력의 동원은 물론 감언이설과 선심공약(善心公約)이 난무하는 부정과 불법의 경연장이 되고 만다. 이렇게 해서 비록 승패는 가려진다 해도 승자와 패자 간에 한 번 패인 감정의 골은 점점 더 깊어지고 설욕(雪辱)과 복수를 다짐하는 패자와 이에 대한 방어수단을 더욱 강화하는 승자 간의 암투(暗鬪)는 지속적인 투쟁으로 악순환만을 거듭하는 결과를 낳게 된다. 뿐만 아니라 현대 민주주의가 안고 있는 6가지 맹점 역시 아직은 미결(未決)의 장으로 남아있다. 그 첫째가 선거민의 의사를 정부에 반영시킬 때 제도의 복잡성으로 인하여 결국은 대중의 의사와 정부의 정책이 유리(遊離)된다는 것이고 둘째로 국민의 의사가 소수 정당 지배자에 의해 지배되며 셋째 국회가 일단 구성되고 나면 국민의 의사로도 어찌 할 수 없다는 점 그리고 네 번째는 어떻게 하면 정치에 전문지식을 필요로 하는 국민의 의사를 반영시킬 수 있는가 다섯째 경제적 균등 실현을 위한 새로운 직능 대표제의 채택 여섯째 행정의 능률과 이해관계 조정을 위한 위원회제도의 도입 등이 그것들이다. 직능 대표제나 위원회 제도 등의 도입이 시도되지 않은 것은 아니지만 항용 구색(具色) 갖추기 식의 무늬만의 제도에 그치고 만다. 이처럼 민주주의가 태생적(胎生的)으로 안고 있는 문제점들은 민주주의를 채택하고 있는 나라들에게는 공통적인 현상이 되겠지만 그 나름으로 평가를 받고 있는 일부 선진국을 제외하면 지금은 각기 그 나라 국민의 전통이나 특성, 환경, 수준에 따라서 운영의 묘(妙)를 찾아가는 과정이라고 할 수 있을 것이다.

'선진국 대열의 선두를 달리고 있는 미국만 해도 40여 년 전인 2차 대전 직후에는 많은 시민들이 신분에 구애받지 않고 여러 자원 봉사단체에 참여하여 단체 안에서 자연스럽게 민주주의 학습을 할 수 있는 기회가 있었으나 오늘 날에 와서는 그럴 기회가 줄어든 데다 민주적인 과정에 대한 능동적인 시민 참여 또한 대폭 줄어들게 되었다고 한다.' 역시 미국인 교수 엠마누엘 페스트라이쉬는 이와 같은 미국 시민생활의 변화를 민주주의의 쇠퇴(종언 終焉)로 진단한 한 정치학자 (테다 스카치폴)의 주장을 인용하면서 한국 민주주의의 적나라한 실상을 한 신문 칼럼을 통해 날카롭게 지적하고 있다. 그는 자신이 살고 있는 아파트 주민들의 이웃과 단절(斷絶)된 생활 행태(行態)를 예로 들어 주민들의 공동이익을 위한 공동체도, 시민적 담론(civic discourse)도 없다며 이와 같이 기저(基底)로부터의 민주적 과정(학습)이 없는데 어떻게 사회 상층부의 민주주의를 기대할 수 있겠는가고 반문하고 있다. 민주주의에 대한 학습 기회가 미국에서도 줄어들고 있는데 반해 우리는 아예 없다는 이야기다. 그러면서 전통 한국 사회에서 오히려 주민들끼리 마을이라는 공동체를 위한 소통의 기회가 훨씬 더 많았다며 앞으로 진정 민주사회 건설을 원한다면 오히려 우리가 까맣게 잊고 사는 우리의 전통문화를 되찾아야한다고 애정 어린 충고를 하고 있다. 참여적 민주주의(participatory democracy)를 제도화 하려면 우리가 살고 있는 지역사회, 우리의 일상생활에서부터 시작해야한다는 말이다.

그가 벤치마킹해야한다고 권하는 전통 한국의 마을 문화란 무엇을 말하는 것일까. 우선 꼽을 수 있는 것 중의 하나가 향약이다. 앞에서 한 장으로 엮은 바 있는 우리나라 최초의 가사 시인 정극인이 그의 고향인 전라도 태안(泰安 현재의 정읍 일원)으로 낙향하여 실시한 그 향약(鄕約)이다. 향약을 실천하기 위해서 향약계(契)를 모아 주민들끼리 상부상조하는 마을공동체를 조직 운영함으로서 이후 3대에 걸쳐 아래로부터의 농촌 개혁운동을 몸소 실천하였다는 것이다. 그 연장선상에서 군내 고부(古阜)에서 전봉준이 일으킨 갑오 농민운동으로 한 때나마 전라도 일대에서 실시한 집강소(執綱所) 자치 정치는 세계적으로도 그 유례가 드문 농민 자치 운동으로 발전, 직접민주정치의 효시(嚆矢 온갖 사물의 처음)가 되었다.

다수결(多數決) 원칙마저 무너진 정치판

은감(殷鑑)이라고 하면 은나라가 멸망한 원인을 거울에 비쳐보듯 교훈으로 삼자는 것인데 은감불원(殷鑑不遠) 하게 되면 그 원인은 가까이에 있다는 말이다. 앞에서도 여러 번 언급했지만 은나라는 동이와 함께 우리 민족의 옛 선조이기 때문에 그 흥망성쇠에 관심이 남다를 수밖에 없다. 동양철학자 김충열의 말을 다시 빌리면 우리 민족의 성격은 은족의 그것과 흡사하다는 것이다. 즉 은족의 장점이 우리 민족의 장점이며 은족의 단점이 우리 민족의 단점이라는 것이다. 좀 더 구체적으로 말해서 우리민족의 단점은 대체로 이지(理智)가 박약하며 정감적(情感的)이어서 이성(理性)의 제어가 부족할 경우 매우 격정적(激情的)이고 극단적으로 치달아 중용(中庸)을 잃기 쉽다는 것이다. 성급해서 성취도 빠르지만 반면에 지구력(持久力)이 부족해서 쉽게 식기도 잘 한다. 개인적이며 씨족적(氏族的)이어서 일정한 범위에서는 사랑하고 희생적이나 그 범위를 넘어서서 외타시(外他視)할 때에는 포용(包容)과 아량(雅量)이 부족하여 잘 어울리지 않는다. 즉 배타적(排他的)이라는 것이다, 또한 자기과대(誇大)와 자기 우월(優越)에 도취하여 남에게 자기를 내세우고 과시(誇示)하기 좋아하고 남을 존경하거나 추종하려는 겸손(謙遜)이 부족하다. 잘 나가면 기분이 좋아 흥분이 걷잡을 수 없이 상승하지만 잘 안될 때에는 푹 갈앉아 한 때 기력을 차리지 못할 만큼 침체(沈滯)된다. 그러나 워낙 시련과 고난을 많이 겪어온 민족이라 극도의 침울(沈鬱)에 이른 뒤에는 다시 자리를 털고 일어선다. 정감적인데다 고난을 많이 겪은 민족이라 애원(哀怨)과 비한(悲恨)이 유난히 많다. 때로 그것이 절망 속의 안위(安慰)가 되기도 하고 때로는 자기 분발, 즉 한풀이를 위한 역행(力行)으로 승화되기도 한다. 매우 무속적(巫俗的)이고 미신을 좋아하며 의타적이어서 어떤 종교에 빠지면 거기에만 몰두, 다른 모든 것을 하찮게 여기는 내세관(來世觀 현세 부정)에 사로잡힌다. 이 모든 약점을 한 마디로 집약하면 비(非)실질적 비중용적이라는 것이다. 피는 못 속인다더니 이렇게 낱낱이 까발린 우리 민족의 결점을 보고 있노라니 바로 나 자신을 발가벗겨 놓은 것 같은 착각에 사로잡혀 전율(戰慄)마자 느낀다.

우리 민족의 이 같은 결점들이 고스라니 투영된 현장이 바로 정치판이라고 해도 과언이 아니다. 이른 바 민주주의의 중심 개념이라고 할 수 있는 다수결 원칙마자 실종된 우리나라 정치판에서 민주주의를 운위(云謂)한다는 것은 그야말로 연목구어(緣木求魚)나 다름이 없다. 앞에서 누누이 설명했다시피 민주주의 자체의 존립을 위협할 정도로 부작용이 심각한 그 다수결 원칙마자 무너진 정치판에서 정치인들은 입만 열면 민주주의를 염불(念佛) 외듯 입에 달고 다닌다. 마치 호신용 주문(呪文)처럼 말이다. 그래서 실질적으로는 소수가 다수를 끌고 가는(지배하는?) 희한한 일이 연일 국회(19대)에서 벌어지고 있다. 과문(寡聞)의 탓인지 몰라도 이런 민주주의는 아마 한국 말고는 세계 어디에도 그 유례를 찾아볼 수 없을 것이다. 이런 정치판의 역행(逆行)이 일상화 되다시피 한 국회와 국회의원들의 행태는 차마 눈뜨고 볼 수 없는 목불인견(目不忍見) 그 자체다.

이런 꼬락서니를 보다 못한 최근 한 네티즌으로부터 받은 "국회 개혁이 가장 시급한 애국"이라는 메시지를 보고 우리

정치의 수준이 정말 이 정도밖에 안 되는 구나라는 것을 실감하지 않을 수 없었다. 그동안 단편적으로만 접했던 사건들을 한 눈에 볼 수 있도록 정리한 이 메시지, 표현이 조금 거칠기는 하지만 스스로 경계(警戒)하는 뜻에서 요점만 간추려 다시 읽어 본다. "틈만 나면 먹을 궁리 싸울 궁리만 하고 있는 그들의 눈에 국민은 아예 없습니다. 오직 권력과 돈이 있을 뿐입니다. 남이 잘 되는 것은 배가 아파서 참지 못하는 그들은 '실패한 정부'를 만드는데 여념이 없습니다. 이번 국회(19대)에서만 18명이 의원직을 상실하고 현재 16명이 재판 또는 수사를 받고 있는데 대부분이 먹다가 들킨 사람들입니다. 국회는 마치 전과자들의 도피처 같습니다. 300명 중 48명(16%)이 전과자입니다. 그 중 28명은 국가보안법 또는 반공법 위반이고 18명은 이적(利敵)단체 활동자들 입니다. 심지어는 김일성을 '어버이'라고 부르던 사람까지 끼어있습니다. 눈을 정부 쪽으로 돌려보면 현재 공기업 부채만 무려 1,076조입니다. 지금 이 순간에도 정체모를 수상한 부채(負債)가 눈덩이처럼 불어나고 있습니다. 국회의원들이 국민이 준 국정 감독의 칼을 제대로 썼다면 방산(防産)비리. 자원외교 비리. 관피아, 법피아, 군(軍)피아 등 부패천지가 되었겠습니까. 허구한 날 제 밥 그릇 챙기기에만 여념이 없으니 그야말로 고양이에게 생선 가게를 맡긴 꼴이 된 것입니다." 예의 네티즌 마치 부패 비리의 온상 같은 국회의 실상을 적나라하게 폭로한 뒤 국회개혁을 위한 몇 가지 제언까지 덧붙이고 있다.

1. 국민이 직접 국회를 견제할 수 있도록 국회 해산 제를 도입할 것

2. 국민의 힘으로 직접 파면할 수 있는 국민 소환제를 도입할 것

3. 전과자 출마제한(100만원 이상의 벌금형)

4. 불 체포 특권 폐기

5. 국회선진화 법 폐기

6. 비리의 온상이 된 정당 공천제 폐지

7. 국회의원의 감시와 조사 및 처벌이 신속하게 이뤄지도록 하는 국회 특별감찰관법 개정 등을 제기하고 국회 개혁은 이제 더 이상 미룰 수 없는 국가의 안위(安危)가 걸린 문제임을 다시금 환기(喚起)시켜주고 있다.

국민의 대표라는 사람들이 이러한데 그 국민은 또 어떠하겠는가. 좀 가혹하게 평가하자면 우리나라 민주주의는 단지 입으로만 하는 민주주의'라 해도 과언이 아니다. 겉으로는 번드르르한데 정작 열어보면 알맹이는 없는 그런 민주주의를 하고 있다는 말이다. 그런데 자신의 수준이 어디쯤인지도 모르고 민주주의가 부여하고 있는 혜택은 100%도 모자라 120%까지 누리려고 한다. 이런 괴리(乖離 서로 등져 떨어짐) 현상이 불법과 방종(放縱)을 낳는 악 순환을 되풀이 할 수밖에 없는 구조로 굳어져 가는 그런 사회가 되어버렸다. 이런 와중에서 민주주의를 지탱하는 중심축이라고 할 수 있는 준법(遵法)정신은 실종되어버리고 사회는 무법천지

카오스(khaos 혼돈 混沌) 상태로 한 데 엉켜 돌아가고 있는 지리멸열(支離滅裂) 그 자체다. 그런데 그 원인을 들여다 보면 모두가 개인 또는 집단(集團) 이기주의에서 비롯되고 있다.

대 기업들, 세계에 공헌하는 모습 보여줘야

이 글에서 자주 인용하고 있는 예의 엠아뉴엘 교수는 그의 저서(한국인만 모르는 다른 대한민국) 전(全)편에 걸쳐 그리고 각 분야마다 막힌 데나 실제보다 저평가(低平價) 되고 있는 원인과 이유를 소상하게 밝히고 있다. 그러면서 그 해법으로는 의 홍익인간을 활용해야한다며 마치 무소불위(無所不爲)의 도깨비 방망이 휘두르듯 자주 들이대고 있다. 오히려 한국인보다도 더 한국인다운 그의 홍익인간 사랑에 절로 고개가 숙여진다.

경제 분야도 예외가 아니라는 게 그의 진단이다. 그의 예상외로 날카롭고 매섭기까지 한 비판의 칼날 또한 감수하지 않으면 안 되는 과정 가운데 하나이다. 해외에 진출한 우리나라의 대표 기업들이 세계적인 기업들과 맞겨루어도 조금도 손색이 없을 뿐만 아니라 어떤 분야에서는 오히려 앞서가고 있는데도 불구하고 그 브랜드 가치를 제대로 평가받지 못하고 있는데 대해 한국 기업들은 단기적인 수익에 너무 많은 가치를 부여하고 있는 반면에 환경문제 인권문제

등에 대해서는 의식(意識)이 높지 않다는 점을 지적하고 있다. 수익만을 핵심가치로 여기는 기업들은 그 기업을 지탱하고 있는 구성원들의 인간적 가치조차 존중하지 않는 경향이 있기 때문이라는 것이다. 유럽이나 미국 기업들은 자본주의 초기의 이런 경향에서 상당히 탈피했는데 한국 기업들은 아직 그 단계를 벗어나지 못하고 있다는 것이다. 직설적으로 말하면 한국 기업들은 아직 천민(賤民)자본주의 단계를 벗어나지 못하고 있다는 이야기로 들린다. 이런 자본주의의 폐해를 되풀이하지 않기 위해서는 세계적 기업들이 좀 더 인간적으로 변모하고 세계에 공헌(貢獻)하는 모습을 보여줘야 한다고 충고 하고 있다.

실 가는데 바늘 간다고 거기에다 부정부패는 왜 또 그리 극성을 부리는지. 그러고 보니 언제부터인가 '부패 천국'이라는 명성?을 얻은 지도 실로 오래 된 성 싶다. 앞에서 한 네티즌이 보낸 메시지에서 보았다시피 정치권의 부패는 이제 거의 일상화되다시피 되고 있는데 대한민국의 경제를 통채로 들어먹을 수준의 대기업 부패가 막장 드라마를 연상시킬 정도로 낯설지가 않다. 바로 오늘 아침 신문(2016. 6. 16)을 펼쳐드는 순간 "대우조선을 뜯어먹은 하이에나들"이라는 1면 헤드라인을 보고 나는 정말 깜짝 놀랐다. 30년 가까이 신문사 밥을 먹은 내 눈에도 소름끼치는 이런 살풍경(殺風景)을 마치 동영상(動映像) 화면처럼 생생하게 재현한 헤드라인은 처음 보았기 때문이다 기사 작성 시에는 물리 화학적(物理化學的)인 분석(分析)과 같은 객관성(客觀

性)을 유지해야한다고 견습 기자 시절 오리엔테이숀 때 주문하던 한 선배의 얼굴이 떠오르면서 아침 기사의 헤드라인을 뽑은 편집자의 분노로 일그러진 얼굴이 겹쳐서 떠올랐기 때문이다.

세계 2위의 수주(受注) 매출을 기록했던 이 조선사는 지난 2000년 대우그룹이 해체되면서 산업은행의 자회사가 된 이래 경영자와 임직원 노조, 감시자인 산업은행까지 마치 경쟁이라도 하듯 다투어 빼먹은 돈이 무려 5조원 대에 이른다고 한다. 앞에서 한 외국인 교수가 지적한 그대로 공동체의 이익에는 우정 눈을 감고 당장 눈앞의 이익에만 코를 박는 우리의 자화상은 그래서 우리를 더욱 슬프게 하는지 모르겠다.

그러면서 이 외국인 교수, 우리의 실정과는 좀 동떨어진 대안처럼 보이지만 대기업들이 홍익인간 정신을 바탕으로 한 공동체 중심 문화를 기업문화의 중심으로 위치시키면 기업 혁신의 새로운 모델을 창출(創出) 할 수 있을 뿐만 아니라 이를 전 세계적으로 확대해 나갈 수 있는 무한한 잠재력을 잘 활용할 수 있을 것이라고 자못 진지하게 권면(勸勉)하고 있다.

이 같은 우리 기업의 취약점을 정리하다 보니 개인은 물론 세계적인 대 기업까지도 앞에서 거론한 바 있는 옛 조상 은(殷)족으로부터 물려받은 단점들을 어쩌면 그렇게도 쏙 빼 닮았을까 스스로 놀라지 않을 수 없었다. 결국은 개인이 모여 집단을 이루는 것이니까 그럴 수밖에 없겠다는 생각이 들기도 한다.. 그래도 불행 중 다행인 것은 우리에게는 이런 결점들을 수정하고 보완할 수 있는 홍익인간이라는 처방전(處方箋?)이 있기 때문에 노상 절망이나 자조(自嘲)로만 지새울 수 없는 '희망'이라는 것을 걸 수도 있다고 자위(自慰)해본다. 그러나 또 다른 한 편으로는 정작 이 처방전을 활용해야 할 대다수 우리 국민들은 홍익인간 자체의 진가(眞價)를 모르고 안다 해도 까맣게 잊고 있는데 한 외국인이 재발견하여 관심을 환기(喚起)시키고 있는 수준이니 갈 길이 정말 멀다는 생각을 하게 된다. 그래서 더더욱 홍익인간 교육이 시급하고 절실하다는 것을 절감(切感)하게 된다.

경(敬)사상이 추구하는 윤리적 공동체

퇴계(退溪) 이황(李滉)에 의해 집대성된 유학의 핵심 사상 가운데 하나인 경(敬)을 일반적으로 주일불이(主一不二 정신을 하나에만 집중시키는 것)라고 해석하는데 이를 현대적으로 재해석하면 '자아를 도덕적 정진(精進)을 통하여 인간다운 인간으로 실현하려는 자율적(自律的) 정신'으로 파악하고 동시에 '건전한 윤리적 인간사회를 이룩하는데 근본적으로 요구되는 공동체 의식'으로 이해된다고 하였다.

퇴계

(이남형 李楠永 경(敬)항목 한국민족문화대백과사전)

그런데 이 경 사상이 한국이 아닌 일본으로 건너가서 꽃을 피웠다는 사실 앞에 일종의 자괴감(自愧感) 마자13 느끼게 된다.

. 명치유신(明治維新) 초기 일본의 퇴계 학자들이 퇴계의 경(敬)사상을 바탕으로 한 소위 교육칙어(教育勅語)라는 것을 만들어 일본 국민을 통합하는 응집소(凝集素)로 활용하여 현대화를 촉진하게 되었다. 경 사상을 이른바 명치유신(明治維新)의 동력(動力)으로 활용한 것이다. 물론 이에는 부정적인 측면도 있다. 당시 일본의 위정자들은 이렇게 해서 결집된 국민의 힘을 악용(惡用)하여 군국(軍國)주의 일본 건설에 매진한 끝에 중일(中日)전쟁과 제 2차 세계대전을 일으켜 이웃나라들에게 돌이킬 수 없는 범죄를 저지르고 피해를 입힌 것은 우리가 익히 아는 사실이다.

바로 그 교육칙어를 기초(起草)한 일왕 명치(明治)의 시강(侍講 어전에서 경서를 강론하는 조선의 경연관 經筵官에 해당)을 지낸 모도다(元田永孚)는 퇴계(退溪) 이황(李滉)을 가리켜 '원(元) 명(明) 시대를 통틀어 고금 절무(古今絶無)의 진유(眞儒)라고 절찬했던 에도(江戶) 말기의 사상가 요코이(横井小楠 1809~1869)의 제자이자 친구이다. 그가 정주학(程朱學 성리학 性理學)은 조선의 이퇴계에게서 전해졌고 다이야(退野 일본 최초의 퇴계학파 학자 오쓰카 히사나리 大塚久成의 호. 그의 호가 퇴계의 퇴 退 자를 따르고 있다)선생이 퇴계 소찬(所撰 글을 짓다)의 〈주자서절요(朱

子書節要)〉를 읽고 초연이 얻은(깨달은)바 있었으니 내가 지금 다이야의 학을 전하여 이를 금상(今上 일왕 명치)에게 봉헌(奉獻)하였다고 교육칙어의 정신과 의의(意義)가 퇴계로부터 비롯되었음을 밝히고 있다.(졸저 〈역사의 고향으로 떠난 사람들〉 186p '교육칙어 기초자도 퇴계학도'에서 인용)

1890년(명치 23년)에 반포된 이 칙어는 국민 도덕의 근원이 충(忠)과 효(孝)에 있음을 밝히고 이로써 억조창생(億兆蒼生, 만백성)의 마음을 하나로 모아 대대손손 그 아름다움을 다하게 한다는 일견 평범한 취지를 담고 있으나 이는 당시 새로 등장한 왕정복고(王政復古)파와 아직도 막부(幕府)에의 향수(鄕愁)를 버리지 옷하고 있는 구세력 간의 대립으로 어수선한 정국에서 분열된 국론을 하나로 모으고 새로운 질서에 미처 적응하지 못해 방황하는 국민들의 마음을 다독여 줄 메시지가 절실하게 필요했던 그런 시기에 내어놓은 적시타(適時打 야구에서 적시 안타 安打)라고 할 수 있을 것이다. 이와 같이 일본은 외래문화를 수용하는 데 있어서 자신에게 꼭 필요한 부분만을 흡수하여 자신의 것으로 재창조하는 특장을 가지고 있다.

퇴계의 경(敬)사상을 논하다가 의외로 말 꼬리가 길어진 것은 이와 같이 다른 나라에서는 남의 나라 사상까지도 들여다 제 것으로 만들어 국익을 도모하고 있는데 우리는 거꾸로 제 손 안에 들어있는 제나라 사상 홍익인간도 제대로 알아보지 못하고 외래 사상에만 매달려 헤어나지 못하고 있는 것이 너무도 안타깝고 가슴 아파서 하는 소리다.

일본이 페리의 구로부네(흑선 黑船) 내항(來航)에 굴복하여 개항(開港)하기 훨씬 이전, 임진왜란을 전후(일본력 日本暦으로는 게이쵸 慶長 연간)한 쇄국(鎖國) 시대에도 나가사끼 항을 통한 네델란드와의 통교는 이루어지고 있었다. 이 때 들여온 조총(鳥銃)으로 당시 왜군이 조선군을 공격하였다는 전쟁 이야기를 지금 하려는 것이 아니다. 개화 이전이나 이후에도 서양에서는 무기류 같은 과학 문물과 함께 반드시 그들의 종교도 함께 가지고 들어왔다. 임진란 때 벌써 종군 선교사도 함께 들어왔다는 기록이 있는 것을 보면 기독교의 일본 선교(宣教) 역사는 4 백여 년에 이른다. 그런데도 일본 내 기독교의 교세는 아주 미미하다. 이와는 달리 한말 전후해서 1백여 년의 선교 역사를 가진 한국 기독교 교세의 비약적인 발전과 여러모로 대비된다. 앞에서 소개한 바 있는 기독교인이자 역사학자인 최태영 박사는 언젠가 그 이유에 대해서 이렇게 말한 적이 있다. 그들이 서양제국과 통교하는 목적은 오로지 개화(開化)와 부국강병(富國强兵)에 집중되어 있었으며 기독교도 이 목적을 달성하기 위한 수단에 불과했을 뿐 종교 그 자체는 아니라는 것이다. 그래서 일본의 기독교 교세가 외국 유학파(留學派)나 외유를 자주하는 정관계(政官界)의 엘리트 층에 주로 분포되어 있다는 것이다. 그리고 일본 국민이 국교처럼 믿는 신불(神佛) 신앙의 뿌리가 워낙 깊고 단단해서 외국 종교가 침투해 들어갈 수 있는 여지가 원천적으로 막혀있다는 것이다. 그들은 이를 화혼영재(和魂洋才), 즉 일본의 정신에 서양의 기술을 접목하여 근대화를 이룩했다는 자부심을 가지고 있다. 한 말 이와 비슷한 온건 개화파의 동도서기(東道西器)론 이 출현하였으나 오래지 않아 일본에 의한 국권 강탈로 이어지면서 유야무야(有耶無耶)로 끝난 적이 있다. 그런데 우리는 일본과는 정반대로 식민지 시대에는 일본을 통해서, 해방 후에는 주로 미국을 통해서 도입한 기술과 함께 들어온 문화나 사상 종교가 마치 굴러들어온 돌이 박힌 돌 찍어내듯 우리의 전통 사상을 압도(壓倒)하고 오히려 주인 행세를 하고 있는 실정이다.

반면에 일본으로부터 그 단초(端初)가 열린 퇴계 사상 연구는 그 이후 유럽이나 미국 등지에서 활발하게 이루어져 가히 세계화 시대를 열게 되었다. 구미인 들이 헬레리즘을 넘어 오리엔탈리즘에 대한 향수를 직접 느끼고 달래고자 하는 욕구의 일단이 아닌가 한다. 어쨌든 국제 사회에서 한국인의 긍지(矜持)를 드높이기에 충분한 이 고무적인 현상을 계속 발전시켜나가는 책무는 전적으로 동(同)시대를 살아가는 우리들 자신의 몫이다.

국민주권 민주정치가 탄생하게 된 배경

지금까지 아래로부터의 개혁만이 사회를, 나아가서는 세계를 바꿀 수 있다는 주제를 집중적으로 서술하는 데 지면을 할애했다. 앞으로는 앞 장에서 그 실천적 모델로 제시한 국민주권 직접민주정치(이후 국민주권민주정치)에 대해서 본격적으로 논하게 될 것이다. 국민주권 민주정치가 탄생하게 된 배경은 앞서 소개한 동명(同名)의 개헌 청원(請願)을 주도한 최치영(저자명은 일명 최봉수 崔鳳秀)의 학위논문인 적선가치평가론(積善價值評價論 성균관 成均館 1982)으로부터 비롯된다. 이 논문은 제목 그대로 선행 등 사회적인 기여도(寄與度)에 따라서 인물을 평가하는 제도를 말한다. 국민주권 민주정치란 바로 이 제도를 도입한 직접민주정치이다. 헌법 제1조 2항이 규정한대로 '대한민국의 주권은 국민에게 있고 모든 권력은 국민으로부터 나온다.'는 주권재민(主權在民) 권력유민(權力由民)의 원칙에 입각한 직접민주주의를 실현하겠다는 것이다. 미국 16대 대통령 아브라함 링컨이 남북전쟁 직후 게티스버그 연설에서 천명(闡明)한 이른바 민주주의의 3대 지표(指標), 즉 국민을 위한 위민(爲民 for the people), 국민의 이민(以民 of the people) 국민에 의한 의민(依民 by the people) 정치를 현대 민주주의의 정석(定石) 또는 민주주의를 재는 잣대라고까지 일컫는다. 이는 정치문화의 최고 이상이 인권을 존중하는 민주주의에 있으며 민주정치의 최고 목표가 바로 국민주권직접민주주의라는 것을 반사적(反射的)으로 확인할 수 있는 가장 확실한 근거이다. 그러나 이 선언의 발원지인 미국에서도 직접 민주주의를 의미하는 의민정치, 즉 by the people은 실현을 보지 못하고 있다. 국민주권 민주정치는 미완성에 머무르고 있는 바로 이 지표를 실현하여 민주주의의 완성을 지향하겠다는 것이다. 그러나 민주주의의 선진국이라고 하는 미국에서도 이 지표만은 이루지 못하고 있는 이유가 사람이 하고 국민이 해야 할 민주정치를 정당이 대신하고 있기 때문이다. 좀 더 구체적으로 말하면 국민이 뽑아야할 국민의 대표자를 정당의 추천, 즉 공천(公薦)에 의해 정당이 대행해왔기 때문에 민주주의 본연의 사명과 숭고한 이상은 찾아볼 수 없게 되어버린 것이다. 미국의 경우 각 당의 선거인단에 의해서 대통령 후보가 선출(공천과정을 말함)되는 만큼 어디까지나 간접선거 방식으로 유권자의 직접 선거는 생략되어 있다. 이와 같이 정당을 매개(媒介)로 하는 간접민주정치에 오랜 동안 순치(馴致 길들여짐)되어 그것을 유일무이한 민주주의로 착각하고 있는 많은 국민들이 유럽과 미 일(日) 등 대부분의 선진국에서도 실현하지 못하고 있는 직접민주주의를 우리가 어떻게 할 수 있겠는가고 회의(懷疑)하고 있는 것도 사실이다. 그러나 우리는 70년 전 자신의 의지와는 관계없이 서구식 민주주의를 받아들여 시행하는 과정에서 발견된 폐해를 단지 시정하자는 차원이 아니고 앞으로 도래할 통일에 대비해서 남북의 기존(旣存)체제를 모두 허물어버린 제로베이스에서 새로운 민주정치 제도를 수립하기 위한 대안(代案)으로 마련해야하기 때문에 이 제도의 수용(受容) 발전에 있어서는 그 어느 선진국 보다 유리한 조건을 갖추고 있다고 보는 것이다.

일반적으로 직접민주주의 하게 되면 2천 년 전 아테네의 아클로포리스 언덕에서 시민 대중들이 모여 형성하는 여론 정치를 하던 이른바 '광장(廣場) 민주주의'를 연상하거나 우리 역사에서는 신라의 수도 경주 알천(閼川)변 모래사장과 둑에 백관들이 모여 국정을 논의했다는 화백(和白) 같은 고사(故事)를 떠 올리게 마련이다. 그러나 아테네 같은 도시 국가와는 비교할 수 없이 국토가 방대해지고 인구가 폭증하고 있는 현대 국가에서는 실현 불가능한 제도이다.

직접민주주의의 본령(本領)은 치자(治者)와 피치자가 하나 됨을 의미하는 자동성(自同性 일체성 一體性 또는 동체성(同體性)이라고도 하는데 치자(治者)와 피치자의 의지적(意志的) 동일성(Will of identity)으로 해석됨)의 원리에 입각한 민주정치를 하자는 것인데 역시 앞에서 든 바와 똑 같은 이유로 해서 현대 민주정치에서는 실현 불가능한 제도이다.

지구상에서 유일하게 직접민주정치를 하고 있는 것으로 알려진 스위스 같은 나라에서도 그들의 민주주의를 대의(代議) 민주주의에 의해 매개(媒介)된 직접 민주주의를 의미하는 준(準) 직접민주주의(seml dlrect democracy)라고 명명하고 있다. 한마디로 '아래에서 위로 세워진 무게 중심이 아래에 있는' 정체(政體), 즉 지방분권과 시민참여가 극대화된 분권 참여 정치를 하고 있다는 것이다.(안성호의 분권과 참여 2005)

스위스에도 란츠게마인데라는 주민들이 직접 참여하는 집

회에서 국정을 논의하는 직접민주주의의 원형이 남아 있긴 하다. 매년 한 번식 열리는 켄톤 차원의 정확히 말해서 주(州)정을 논의하는 이 자리에서는 3 부(府)의 주요 공직자를 직접 선출하고 주민 발안(發案)을 비롯한 입법 등 광범위한 참정권이 주어져 있다. 그러나 이 제도는 스위스 26개 켄톤 가운데 단 2개 켄톤(그나마 1개 켄톤은 시행하지 않음) 에서 열리고 있는데 지금은 행사 자체의 의미도 의미려니와 외국인들에게 스위스 관광의 필수 코스로 여겨질 정도로 인기 있는 관광(觀光) 자원화가 되고 있다는 것이다. 앞에서 주정(州政)을 국정(國政)이라고 한 것은 이 나라 정부 형태가 연방 정부를 비롯하여 켄톤, 코뮌(마을 공동체)이 각각 협업(協業) 통치하는 3원(元) 형태로 되어 있기 때문에 붙인 이름이다.

안성호

란츠게마인데가 아니더라도 이 나라에서는 선거를 비롯한 모든 국정이 국민(주민)들의 직접 투표에 의해 운영되고 있다. 특히 재정(세출) 문제에 있어서는 일정액 이상은 반듯이 국민(주민) 투표에 부쳐야 하는 등 실질적인 직접민주주의가 보편화되어 있는 나라다. 오는 2018년에 열리는 동계올림픽도 1차 후보지였던 스위스 베른이 선정되었으나 예의 주민투표에 붙여졌는데 시 재정으로는 감당하기 어렵다는 이유로 부결되었기 때문에 제2의 후보지였던 우리나라 평창으로 최종 낙점(落點)된 것이 그 좋은 예라고 할 수 있다.

한마디로 '분권과 참여'로 특징지어지는 지방 자치의 나라 스위스의 직접민주주의가 오늘의 스위스 국격(國格)을 형성하는 데 결정적인 역할을 하고 있다는 것을 한 눈으로 확인할 수 있는 대목이다.

요즘 미국은 물론 전 세계적인 관심 속에서 뜨겁게 달아오르고 있는 미국 대통령 후보예비선거 과정을 지켜보면서 미국 민주주의가 앞으로 서술하게 될 국민주권 직접민주주의와 여러 모로 비교가 된다는 것을 알 수 있을 것이다. 미국인들조차도 자기네 대통령 선거제도를 정확히 이해하는 사람이 드물 만큼 복잡하다는 이 제도의 특징은 우선 현재 우리나라에서 실시하고 있는 직접선거가 아니고 간접선거를 한다는 점이다. 먼저 미국의 대표정당인 민주당과 공화당의 대선 후보를 결정짓는 과정부터 시작이 되는데 이를 위해 미국 50개 주를 돌면서 각 당의 예비 선거를 실시하게 된다. 예비선거에서 유권자들은 각각 지지 정당의 대통령 후보 이름에 기표는 하지만 이 때 뽑히는 것은 대의원으로 이들로 구성되는 선거인단이 자신이 속한 주(州) 유권자의 뜻을 대변해 각 당 전당 대회에서 당 대선 후보를 결정하게 된다. 다시 말해서 유권자들은 자기가 지지하는 당의 대통령 후보에게 투표를 하지만 직접 대통령 후보를 뽑는 것이 아니고 지지 후보의 대의원을 뽑아 그들이 지지정당의 예비후보를 뽑는 식이다.

예비선거 방식은 주마다 다른데 약 30%에 해당하는

코커스(caucus, 당 간부회의를 뜻함)와 나머지 70% 정도를 차지하는 프라이머리(primary, 주민 예비선거) 두 가지 방법으로 나뉜다. 코커스 방식은 당원들 사이에서 이루어지는 일종의 계단식 대표 선출 방식이라고 할 수 있다. 최 말단 행정 단위인 각 마을에서 대표를 뽑으면 마을 대표들이 모여 다시 차(次) 상위 지역 대표를 뽑고 그 대표들이 다시 모여 대표를 뽑는 식으로 최종적으로 최상위 행정 구역인 주에서 대의원을 뽑아 전당 대회에 내보내는 식이다. 전당 대회에서는 그 당을 대표해 나라를 대표할 대통령 후보를 고르는 식이다. 말하자면 당원들의 대표 뽑기를 단계적으로 거듭 반복 한다는 것이다. 두 번째 예비선거 방식인 오픈 프라이머리는 우리나라 정당들이 채택하고 있는 공천 제도와 비슷하다. 한 가지 큰 차이점은 전화 여론 조사 결과를 반영하는 우리나라와 달리 미국에서는 유권자들이 직접 투표하는 방식만을 사용한다는 것이다. 일반 유권자들이 직접 참여해 대선 후보를 고르는 대표를 뽑기 때문에 보다 민주적이라는 평가를 받는다.

첫 번째 예비 선거 제도인 코커스는 대표(대의원) 선출 방식에 있어서 단계적으로 대표를 선출 하는 방식은 국민주권 직접 민주 정치 방식과 같은데 각급 대표들로 구성되는 대의원들이 직접 대통령 후보를 뽑는 미국과는 달리 예비 후보의 자격을 평가하는 평가단을 구성하여 그 평가의 점수 순에 따라서 복수(보통 2~3명)의 상위후보를 선출하는 공천 제도이다. 미국에 비해 공천(또는 추천) 과정을 보다 중시하여 한 단계 더 여과(濾過) 장치를 마련하고 뽑은 후보를 대상으로 각급 의원이나 대통령까지도 직접 선거로 선출하는 방식이다.

다시 미국의 대통령 선거로 돌아와 다른 나라에서는 찾아볼 수 없는 특이한 제도가 승자 독식(獨食)이라는 원칙이다. 미국의 50 개 주 중 48 개 주의 본 선거에서 이긴 후보가 모든 표를 가져간다는 제도이다. 예를 들어 켈리포니아에서 A후보가 51%, B후보가 49%를 얻어 A후보가 간신히 이겼다 해도 켈리포니아에 배정된 선거인단 55명을 모두 얻게 된다. 지난 2000년 대선에서 민주당의 엘고어 후보는 공화당의 조지 W 부시 후보보다 유권자 투표에서 50만 표 이상 앞섰지만 부시가 선거인단 투표에서 271표(전체 538명 중 54.2%)를 얻어 대통령으로 당선된 것이 그 좋은 예이다.

대통령에 당선되기 위해서는 이와 같이 전체 538명 중 270표 이상의 선거인단을 확보해야만 하는데 만일에 선거인단 270명 이상을 확보한 대선후보가 없을 경우에는 미국 헌법에 따르면 하원에서 대통령을 선출하고 상원에서 부통령을 선출하도록 되어 있다.(미국 대통령 선거제도 이현우 한국선거학회회장 2016. 2. 18일자 조선일보)

국민주권민주정치의 공천(公薦) 제도.

선거를 일러 민주주의의 꽃이라 한다. 그런데 그 선거의 핵심은 공천(公薦)에 있다. 선거(選擧)라는 말 자체가 천거(薦擧)하여 가려 뽑는다는 뜻이니 선거=공천이라고 해도 과언이 아니다. 그래서 정치에 뜻을 둔 선거 예비 후보들은 성년이 되기 위한 통과의례의 고행(苦行) 과정을 거치듯 공천을 받기 위해 사활을 건 경쟁을 벌이게 된다. 예나 지금이나 당수 또는 당이 공천권을 쥐고 있기 때문에 그 폐해가 민주주의의 존립 그 자체를 위협할 정도로 심각하다. 특히 과거에 당수가 밀실 공천을 할 때는 공천은 공공연한 하나의 이권(利權)으로 통했으며 선거철은 곧 그들의 대목(골든타임)으로 통하리만치 극심한 혼탁 상을 이루었었다. 거기에다 지방 의회가 생기면서부터는 출신 지역의 시장 군수와 각급 지방의원의 공천권을 쥐고 있는 그 지방 국회의원이 자신이 공천 받을 때와 똑 같은 수법으로 그들을 줄 세워 한때 '얼마 당(當 당선) 얼마 락(落 낙선)'이라는 유행어가 공공연히 나돌 정도였다. 이렇게 해서 중앙과 지방할 것 없이 온 나라가 그들의 먹이사슬로 얼기설기 얽혀 돈이 아니면 선거(정치)를 못한다는 '돈 선거'로 전락해 가고 있었던 것이다. 이런 망국적 폐단을 바로 잡기 위해 최근 들어서는 아래로부터의 경선, 즉 국민 경선제 도입을 웨치고 있으나 그것은 단지 국민에 대한 립서비스(입치레)이고 여전히 지난날의 공천방식에서 크게 탈피하지 못한 무늬만 국민경선에 그치고 있다.

정치란 결국 사람이 하는 것이고 그 성패 또한 사람에게 달려 있다. 그래서 국민주권민주정치는 바로 그 사람(대표자)을 뽑는 일을 최우선으로 하는 제도라고 해도 과언이 아니다. 이 또한 홍익이념에 그 바탕을 두고 있는 신라 화백의 전원일치 만인합의 정신을 계승하고 있다. 즉 회의에 참석한 구성원 가운데 단 한사람이라도 반대자가 있을 때에는 유엔(안전보장이사회)의 거부권과 같이 그 의안(議案)은 성립될 수 없으며 끝까지 대화와 설득을 통해서 합의를 이끌어내는 화백제도의 빛나는 전통을 우리는 가지고 있다. 현대 민주주의의 다수결 원칙이 국민을 권력 장악이라는 정치목적의 수단으로 간주(看做)되고 있는 반면에 홍익인간의 핵심을 이루고 있는 민본(民本) 사상이 국민을 국가구성의 기본으로서 뿐만 아니라 목적 또는 본질(本質)로서 파악하고 있는 것은 그 밑바탕에 신성불가침의 생명 존중 사상과 절대 평등사상이 깔려있기 때문이다. 이처럼 대표자의 공천이 어렵고 부작용이 많기 때문에 선거철만 되면 예외 없이 공천파동이라는 홍역(紅疫)을 치르기 마련인데 특히 금년(2016) 제 20대 총선에서는 초장부터 입에 담기조차 민망한 일들이 벌어져 정치에 대한 국민의 혐오(嫌惡)와 불신(不信)이 심각한 수준에 이르고 있다. 그래서 이런 폐단을 줄여 최소화하기 위한 묘안(妙案?)으로 알파고와 같은 인공지능(人工知能)을 동원하여 후보자들을 검증하자는 제안이다 나올 정도이다. 어쩌면 이 제도는 본질적으로 주관이 개입될 수밖에 없는 인간이 하는 검증(檢證) 보다 더욱 엄밀한 객관성을 담보(擔保)할 수도 있겠다는 혼란스러운 생각이 다 드는 작금(昨今)이다.

다시 본론으로 돌아와 다수결 원칙도 무너진 마당에 이런 제도(평가단을 동원한 후보 검증)가 가당키나 하냐고 냉소적(冷笑的)인 반응을 보이는 사람도 없지 않다.. 이상적이긴 하나 우리 정치 현실에서는 실현하기가 매우 어렵다는 이유 때문이다. 그러나 지금부터 설명하려는 선출 방식으로 대표자를 뽑아 정치를 운용하게 만든다면 그 이상(理想)도 실현할 수 있으며 그것이 곧 민주주의의 완성으로 가는 지름길이자 정도(正道)임을 알게 될 것이다. 누누이 강조했다시피 정치도 사람이 하는 것이니까 그 주체인 사람을 바꾸면 정치도 자연히 바뀌게 된다는 것은 곧 불을 보듯 뻔한(명확관화 明確觀火) 이치라고 믿기 때문이다.

통일을 앞두고 그 때까지 하나하나 식 바꾸어 나가는 노력을 지금부터 조금씩 쌓아 가자는 것이다. 그래서 우선 인물(대표자) 선출 방식부터 바꾸자는 것인데 그 핵심이 바로 공천 제도이다. 그 공천 제도의 논리적 근거를 제공하고 있는 적선(積善)가치 평가제도로 다시 돌아가 설명하면 그러기 위해서는 우선 대의원의 선출 방식부터 바꾸어야 한다. 지금까지 동 단위로 직접 투표하던 것을 보다 세분하여 행정 기초 단위인 통 단위에서 대의원 2,3명을 뽑아 한 단계

상위 단위인 동으로 보내 각 통에서 선발된 대의원들로 회의체(기초민주회 약해서 기민회 基民會)를 구성하여 여기서 다시 대의원 2,3명을 선출, 시군으로 보내고 시군의 대의원들로 시도 회의체를 구성하고 여기서 다시 대의원 역시 2.3명을 선출, 광역 자치단체로 보내면 최종적으로 시 도 대표의원과 광역 대표의원들로 국민주권민주회의(國民主權民主會議)를 구성하게 된다. 각 행정 단계별로 구성되는 대표의원 회의는 기초 자치단체장과 지방의원서부터 광역시도 단체장과 의원, 국회의원, 대통령을 각각 추천하는 기구로서의 역할을 맡게 된다. 최 말단(最末段) 행정 단위로부터 상향(上向)식으로 추천기구를 구성하여 공천을 하고 또 직접선거로 각 급 의원과 각급 지자체장, 국회의원 대통령까지 선출하기 때문에 명실상부(名實相符)한 국민공천에 의한 선거라고 할 수 있을 것이다. 국민주권직접민주주의야말로 직접민주주의의 나라로 일컬어지는 스위스보다도 오히려 한 단계 앞선 합리적이고 선진적(先進的)인 직접민주정치를 할 수 있다는 것이다.

국민 주권회의는 대통령 후보 추천권 이외에도 그 소환권을, 대법원장과 검찰총장의 선출권과 소환권을 각각 가지며 국회의원 후보의 검증심사권과 소환권 그리고 국가 중요정책의 국민투표 시행 결의권을 갖게 된다. 이 모든 단계별 대표의원들이 추천한 후보들은 국민 직접선거로 선출된다. (개정헌법 제 41조 규정 인용)

다음에는 선출의 대상인 후보의 선출 방식과 후보가 갖추어야 할 자격 기준에 대해서 설명코자 한다. 선출 방식은 각 단계 별 대의원들로 구성하는 검증 평가단이 후보자의 심사와 평가를 담당하게 된다. 그러나 이 평가단이 자체적으로 심사하거나 평가하는 것은 아니다. 정당 또는 자(自)타천에 의해 등록된 예비 후보군의 신상 파악을 관계 기관(세무서 또는 각급 수사 조사기관)에 의뢰해서 얻은 공신력(公信力) 있는 자료에 근거해서 후보자를 평가하게 되는데 항목에 따라서 평점(評點)을 매겨 숫자로 계량화(計量化)함으로서 최대한의 객관성을 확보하게 된다. 평가단은 이렇게 해서 산출(算出)된 점수에 따라서 예비 후보의 평가 순위를 정하고 이 가운데 상위 2.3명을 본선 후보로 선정하여 경쟁토록 하는 방식이다. 이리 하면 후보의 난립으로 일어나는 혼란과 경제적부담도 덜고 최대한의 공평도 기할 수 있다는 점을 최대한 활용한 것이다. 그리고 말단 통 반, 즉 한 마을의 대표(대의원)를 뽑기 위해서는 지금까지 서로 소외(疎外)되었던 이웃끼리의 대화와 교류를 촉진하는 계기를 마련하게 됨으로서 우리의 전통적 미덕(美德)인 마을 공동체 의식을 높이고 그 문화를 되살릴 수 있는 이른바 풀뿌리 민주주의의 터전으로 가꾸는 계기가 될 것이다.

이상의 전 선거과정에서 발생하는 모든 비용은 국가가 전담하는 선거공영제를 채택함으로서 후보로 추천을 받기까지, 즉 공천을 받기까지 음성적(陰性的)으로든 양성적으로든 지불하지 않으면 안 되었던 '돈이 아니면 정치를 할 수 없다.'는 부패 구조도 발본색원(拔本塞源)하는 일거양득(一

擧兩得)의 효과를 거두게 될 것이다.

지도자가 갖추어야 할 기본 덕목(德目)

각급 선거의 예비후보를 선출하는 기준, 즉 검증(檢證) 항목은 모두 17 개에 이르는데 단지 정치 지망생뿐만 아니라 사회각계의 발전에 기여한 공헌자(貢獻者)나 전문인들을 망라하는 광범위한 인재 선출 방식을 채택하고 있다는 점이 이 제도의 특색이라고 할 수 있다.

국민의 4대 의무

이들 예비 후보들이 기본적으로 갖추어야 할 자격 요건은 국민의 4대 의무(납세 국방 근로 교육) 이행 여부다. 당연한 것 같지만 지도자라는 사람들 청문회 단상(壇上)에 서게 되면 의외로 많이 들어나는 것이 바로 이 4대 의무의 미 이행(未履行) 내지는 불이행이다. 자신 또는 공동체의 이익이나 권리를 지키고 찾으려면 거기에 상응(相應)하는 의무부터 이행하는 것이 순서인데 관록(貫祿)이나 언변(言辯) 등을 앞세워 수단과 방법을 가리지 않고 유권자들을 현혹(眩惑 홀림) 하는 현행 선거제도 하에서는 옥석(玉石)을 가리기가 쉽지 않기 때문에 이와 같은 합법을 가장한 불법을 원천적으로 봉쇄하기 위한 대안으로 제시된 것이다. 대표자는 우선 주민들의 존경을 받을 수 있는 인물이어야 한다는 가장 기본적인 덕목(德目)을 확보하는 것은 반드시 민주 사회라는 거창한 이름이 아니더라도 보통사람들이 사는 시민 사회에서도 예외 없이 지켜져야 할 자연법칙과도 같은 것이다.. 존경심이 생겨야(경 敬) 그 사람을 믿을 수 있고(신 信) 믿음이 가야 사랑이 가고(애 愛) 사랑하는 마음에서 화합이 이루어진다. 적선가치 평가 제도는 이 세 가지 덕목의 실현 여부를 우선적으로 검증하는 예비후보의 추천과 선택의 원칙을 정립하고 있는 것이다.

첫째 납세의 의무

4대 의무 가운데 납세의무를 제일 먼저 꼽은 것은 누구에게나 가장 민감(敏感)한 부분으로서 제일 어기기 쉬운 문제이기도 하기 때문이다. 납세 액수의 다과(多寡)보다는 얼마나 성실하게 내고 또 정직하게 냈느냐에 대해서 잘 따져보아야 한다. 아무리 세금을 많이 냈다 해도 어느 부분에서 탈세를 했는지 잘 모르기 때문이다. 그리고 세금에도 여러 가지 종류가 있으니 그 내용까지도 면밀히 분석하여 평가 점수에 반영해야 할 것이다.

둘째 국토방위의 의무

국토방위의 의무는 남자라면 누구나 지게(부담 負擔) 되어 있는 의무이다. 그리고 생명을 희생(犧牲)하는 위험부담까지도 져야하는 의무이다. 그러므로 의무로 되어있지 않고서는 누구라도 지키려 들지 않는 것이 인간의 상정(常情)이라고 할 수 있다. 때문에 대표자로서의 자격을 갖추려면 고통과 생명을 강제로 요구하는 국토방위의 의무는 당연히 이행했어야 하는 것이다. 직업이 군인인 경우, 공무원의 자격으로 간주(看做)할 때 참전의 경험과 공훈을 배려해야 할 것이고 군인 신분이 아니더라도 국토방위에 기여한 공적이 있으면 당연히 고려의 대상이 되어야 한다. 현역으로서 군의 발전에 공로가 있고 특진 표창과 훈장 등이 있다면 이를 평점에 참작하여야 할 것이다. 의무는 아니지만 요즘은 여성도 군 복무를 하는 경우가 적지 않은데 이들에게도 평가의 배려(配慮)가 있어야 할 것이다.

셋째 근로의 의무

근로의 의무는 놀고먹는 자는 발 못 붙이는 사회적인 풍토의 조성을 의미한다. 인간은 누구나 살기 위하여 일을 해야 한다. 인간으로서 가장 소중한 의무가 일하는 근로의 의무라고 할 수 있다. 부모의 유산이 많아 놀고먹는다는 사람은 그것을 부끄럽게 여겨야 한다. 인간의 신성한 노동의 대가가 오늘의 문명을 이룩해 놓았다. 우리가 자랑하는 '한강의 기적'도 국민의 근면한 노동력에 의해 이룩된 것이다. 따라서 국민의 근면한 노동은 정당하게 평가되어야 하며 각자의 노동을 통한 국가 사회에 대한 기여도에 따라 합리적으로 평가되어야 할 것이다. 국가의 당면 목표가 경제 발전인 경우, 경제적인 분야의 평가 점수를 높여야 할 것이다. 예를 들어 기술 개발 분야라던가 생산 건설 분야, 경영 유통 분야, 이밖에 여러 분야에서 기여한 공로자는 그 실적에 따라서 마땅히 높이 평가받아야 할 것이다. 근래 농사일이 힘들고 수입도 저조(低調)한 탓에 농촌 기피현상이 늘어나고 있다. 국가가 이에 대한 대책을 세우지 않는 한 UR(우루과이 라운드)압력 등으로 식 생활 기반을 모두 잃게 될 우려가 있다. 이런 때 영농 후계자에게 대표자의 평점을 높여주면 인구의 도시 집중도 막고 도농(都農)의 균형 있는 발전과 생명 산업으로서의 농업의 기반도 지킬 수 있을 것이다. 최근 들어 늘어나고 있는 귀농(歸農)민에 대해서도 농촌후계자와 같은 취지로 역시 평가에 참작해야할 것이다. 기타 농축산, 어업, 광업, 건설, 운송 등 각 분야의 노동 조건에도 합리적인 평가를 실시하여 국가 산업이 선진국으로 도약할 수 있는 정치적 노력이 요구된다. 또 기술 집약적 노동인 정보 통신 분야에의 기여도가 크면 국가 경쟁력을 강화하는데 이바지 할 수 있으므로 선진국 대열에 진입하기 위해서는 이 분야의 우수한 능력을 높이 평가하는 것이 바람직하다.

넷째 교육의 의무

국민의 교육 수준은 한 나라의 문화의 척도이면서 동시에 국력의 잠재력이다. 교육적인 문화 수준이 높은 국민은 전쟁에는 비록 졌다 해도 재빨리 국력을 회복하는 사례를 이웃나라 일본에서 볼 수 있었다. 교육과 문화는 한 나라의 잠재력이기 때문에 교육의 의무를 강조하는 것은 당연한 요구라고 본다.

정치에 세계 최초로 인간 가치 도입

우리나라의 교육과 문화 수준은 구미(歐美) 선진국에 비해 조금도 뒤지지 않고 있으며 어깨를 나란히 견줄 정도로 높은 수준에 와 있다. 그러나 지식 교육에 편중한 나머지 전인(全人)교육에 소홀하였기 때문에 인간성의 상실과 부도덕한 사회로 전락(轉落)하고 있는 현상 또한 오늘의 사회상이다. 이를 극복하기 위해서는

인간의 지성적(知性的) 가치

인간의 윤리와 도덕적 가치

학문의 지적(知的) 가치 등 교육 문화적 가치평가에 무게 중심을 실어줘야 한다.

1. 도덕성과 윤리적 인간 가치 정치에 도입

지금까지 서구식 자유 민주주의는 자유와 평등만 강조했을 뿐 윤리 도덕 등 참다운 인간 가치를 정치에서 소외시켜왔기 때문에 인간성을 상실하는 결과를 초래하고 있는 것이다. 교육의 의무를 성실히 수행하고 있는지 여부를 따지려

면 먼저 인간의 도덕성과 윤리적 가치를 평가하는 제도적 기준이 정치에 도입되어야 할 것이다. 예를 들어 효(孝)를 가르쳐 놓고도 대표자의 요건 중에 효를 고려하지 않는다면 교육의 의미가 없어지므로 그것을 엄격하게 따져야 한다는 취지이다. 좀 더 구체적으로 접근해보면 개인의 문제로 가정 파탄에 이른 사람도 교육의 의무를 성실하게 수행하지 못한 것으로 보아야 한다는 문제의식에서 출발해야한다는 것이다..

2. 청렴도(淸廉度)가 학벌(學閥) 능력보다 앞서

우수한 학벌, 뛰어난 실력, 국가 사회에 기여한 공적이 있다 해도 정직성에 문제가 있다면 교육의 의무를 다하지 못한 것으로 봐야 한다. 직접민주주의 시대에서는 학벌이나 능력보다는 정직성과 청렴도가 우위(優位)를 차지하게 될 것이기 때문이다. 그래야 진정한 교육의 의무도 살아나게 될 것이다. 전인교육의 필요성이 더욱 절실하다는 정책적인 표현이기도 하다.

3. 실질적인 가치교육시대 연다.

입시 위주의 교육, 점수와 일류학교가 한 사람의 일생을 결정짓는 잣대로 남아 있는 한 교육의 목적인 인간의 참된 인격 도야(陶冶 심신을 닦아 기름)는 연목구어(緣木求魚 나무에 올라 물고기를 구하듯 불가능한 일을 하려고 함) 격이 될 수밖에 없다. 이런 것을 추구하는 사회는 장차 엘리트 중심으로 전락하여 시문(詩文)만 잘하면 과거에 급제하여 권좌에 오르던 조선조 때와 같이 형식적인 권위주의로 흘러 인간이 실제 먹고 입고 살아야 하는 실질적인 가치는 외면한 채 백성들만 학대(虐待)하고 수탈하는 폭정(暴政)으로 결국에는 망국을 자초하게 되는 전철(前轍 앞사람이 겪은 실패)을 밟게 될 것이다.

학교(명문 名門을 따지는)와 학벌이 문제가 아니라 사회에 진출하여 실제 국가사회에 기여한 공적이 잣대가 되어야 국가 사회는 발전 할 수 있다. 실질적인 공적을 평가하여 응분(應分)의 가치를 부여했을 때 비로소 공명정대한 사회 풍토가 조성되는 것이다.

교육의 목적은 첫째가 인격도야이며 둘째가 지식의 실용화이다. 그 목적에 따라 교육을 성실히 수행했나를 고려하지 않으면 정치가 바로 설 수 없다. 이렇게 교육의 의무를 중점 평가하게 되면 종래의 삐뚤어진 교육 풍토를 바로잡는 계기가 마련 될 것이다.

4. 학문과 전공분야의 우대 조건

대표자를 선택할 때 가장 바람직한 상(像)은 4대 의무에 하자(瑕疵 흠)가 없으면서 학문적인 연구와 기여도가 우수한 인물일 것이다.

국회의원으로 대표되는 선출직 공직자들이 해야 할 일이 주로 정책을 연구 개발하고 입법화하는 것이다. 이에 알맞은 합리적인 인물은 사법 행정 정치 외교 경제 신문 방송 철학 사회학 교육학 같은 인문 사회계는 물론 이공계 전반의 이수자로서 실제 경험이 있거나 당연직(當然職)에 종사하는 사람이 될 수 있겠다. 그 중에도 당연직을 맡았던 사람들에게 그 분야를 선택한 데 대해 평점(評點)을 높게 고려하는 것도 바람직하다.

5.적선(積善)과 봉사로 기여도 평가

국민이 사회생활에 있어서 기본적으로 이행해야 할 조건이 4대 의무이다. 4대 의무를 충실히 이행한 후 물심양면의 잉여가(剩餘價), 원래는 기업이윤이나 지대(地代) 이자 같은 소득의 원천(源泉)을 의미하나 이를 모두 종합하여 남는 여력(餘力)을 사회에 환원(還元)했을 때 이를 바로 적선이라고 한다. 그러므로 적선한 기여도(寄與度)로 평가하여 그것을 가치관으로 영입(迎入)하는 적선(積善)가치평가제도를 대표자 선택의 기준으로 삼는 것은 지극히 당연한 일이다. 예를 들어 4대 의무를 충실히 이행한 사람이 자신이 번 돈을 자식에게 물려주지 않고 학교 재단에 기증했을 때 당연히 적선 가치로 평가하여야 하며 대표자를 뽑을 때 반드시 이를 참작해야 할 것이다

6. 지역사회 공헌과 사학(私學) 발전

복지사회 건설을 위한 척도로서 적선가치 평가를 할 때는 다음과 같은 예에 따라야 할 것이다.

첫째 불우 이웃을 돕는 사업을 지속적으로 실천해야 한다. 돈에 여유가 있는 사람들이 재단법인을 만들어 장애인 요양원 양로원 고아원 정양원 등을 경영하고 있는데 대해서도 마땅히 적선가치의 평가를 배려해야 한다.

둘째 사학재단을 설립하고 학교를 운영하는 경우 순수한 의미에서 자신의 재산과 능력을 바치고 교육 사업에 투신한 사람은 사회적 귀감(龜鑑)으로 높이 평가해야 할 것이다.

셋째 사회 각종 시설에 사재(私財)를 들이는 것을 적선 가치로 평가하는 것이 바람직하다. 다리를 놓는 일, 경로당이나 마을 회관을 짓는 일, 놀이터를 만드는 일, 독서실을 짓거나 도서관을 만드는 일 등 지역 사회에 공헌한 것을 높이 평가하는 사회적 배려가 있어야 한다.

7. 유휴(遊休) 노동력 활용과 자급자족의 미덕

우리의 안방까지 밀려들어온 세계화의 물결은 국가 대 국가의 경쟁을 넘어 국민 대 국민의 경쟁으로 그 경쟁의 양상을 바꾸어 놓았다. 어떻게 하면 수십 배의 인력을 가진 중국과 선진화된 일본의 틈바구니에서 살아남을 수 있을지 다 같이 머리를 맞대고 고민하지 않으면 안 될 시점이다. 우리나라가 선진국 문턱에 다가선지 몇 해가 되었다고 하지만 2만 여 불의 소득에서 관광, 골프, 오락 경마, 유흥 등 분에 넘치는 과소비로 값진 노동력을 헛되게 낭비하고 있음은 반성하지 않으면 인 될 심히 안타까운 일이다.
우리의 처지로서는 다른 나라가 놀 때도 일을 해야 공존 할 수 있다는 것을 잊지 말아야 한다. 예를 들어 가장이 직장생활을 하는 5인 가족이 아침저녁으로 100평 정도의 땅에 채소를 가꾸고 400평 정도의 논에 벼농사를 짓는다면 주부식의 자급자족이 가능하다. 이와 같이 일하기에 앞장서는 사람을 정치사회가 적선가치평가제도로 평가한다면 국가발전에 크게 기여할 수 있을 것이다.

8. 봉사와 선행(善行)의 미덕을 실천하는 사람들

인간은 법을 초월한 양심과 평범한 상식의 지배를 받으며 살아간다. 그러므로 법에 규정되어 있지 않더라도 애경상사(愛慶喪事)가 있을 때면 이웃은 물론 친구끼리 상부상조하는 미덕을 오랜 전통으로 이어오고 있다. 특히 불우한 이웃을 돕거나 궂은일에 앞장 서는 사람, 교통정리에 봉사하거나 아침마다 마을을 청소하는 사람, 또는 국산품을 애용하는 사람들처럼 사소한 일까지도 봉사하거나 선행의 미덕을 실천하는 사람들로 인해 우리 사회는 그래도 훈훈한 인정미가 넘치는 사회가 되고 있다. 이와 같이 여러 분야에 걸쳐 선행(善行)의 공적을 평가하는 제도적 배려가 있을 때 이웃끼리 더욱 화합하고 결속하여 국가의 기초가 굳게 다져지는 계기가 될 것이다.

국위(國威) 선양을 위해 헌신(獻身)한 사람들

국가 사회의 근간을 이루고 있는 사람들은 여러 분야에서 자신이 가진 기량(技倆 기술 이론을 실지로 응용하는 기술)을 발휘하는 지도자들이다. 국위선양(國威宣揚)은 물론 국제사회의 일원이 되어 보다 넓은 세계를 향해 날개를 펼 칠 수 있었던 것은 이러한 유공자들이 있었기 때문이다.

1. 산업경제 발전에 기여한 공적

6.25로 폐허가 된 이 땅 위에 오늘의 경제 건설을 이룩한 것은 거의 기적(奇蹟)에 가까운 일이라고 세계인들이 이구동성(異口同聲)으로 말한다. 이러한 경제의 기적 뒤에는 희생(犧牲)을 감내(堪耐 어려움을 참고 견딤)한 많은 공로자들의 노력이 숨어있다.

국가 사회에 기여한 그 공적을 정당하게 평가하여 응분의 대우를 아끼지 말아야한다. 이것은 국가 발전뿐만 아니라 후세 교육을 위해서도 꼭 필요하다. 그간 우리들의 과거를 돌아보면 후배가 선배의 과실만을 꼬집고 비판하는 부정적 관습(慣習)을 반복해 왔는데 공과(功過)에 대한 정당한 평가를 통해 선배의 공적도 평가해주는 풍토를 제도적으로 정착시키는 노력을 기울여야 할 것이다. 그렇게 했을 때 은혜로움과 고마움을 느끼게 되고 선배에 대해 존경하는 마음이 울어날 수 있으며 끈끈한 국민적 유대(紐帶)가 국력으로 결집될 수 있을 것이다.

우리나라의 기간산업으로 꼽히는 건설, 제철, 조선, 중화학공업, 자동차, 전자, 기계, 통신, 운송, 교통 등에서 공헌한 기여도를 평가하여 경제 발전에 끼친 공로를 국가산업경영 분야의 대표로 추천하는 데 반드시 참작하도록 해야 한다.

2. 교육 언론 문화에 기여한 공적

사재(私財)를 털어 학교를 세워 국민 교육과 인재를 양성해온 공적, 신문사를 설립하여 언론 문화를 창달(暢達)해온 공적, 또는 출판사를 설립하여 훌륭한 도서를 출판, 국민 계몽(啓蒙)과 문화생활에 기여한 공적 등을 엄격히 평가하여 그 공적에 부응(副應)하는 평가가 따라야 할 것이다. 또한 교육자, 학자, 언론인, 작가 등 문화부문에서 탁월한 능력과 국가 사회에 기여한 공적이 현저(顯著)한 사람은 국민의 대표자로서 존경할 뿐만 아니라 그에 상응하는 대우도 함께하는 풍토를 조성하고 정착시켜나가는 것이 더욱 바람직하다.

3. 과학 기술과 예체능에 기여한 공적

근대 문명의 견인차(牽引車) 역할을 해온 것이 과학 기술이다. 기술에 뒤지면 국력이 뒤지게 된다. 과학 기술은 부단(不斷)한 연구 개발로 그 한계가 어디인지 누구도 모른다. 다만 앞을 향하여 다투어 개발하고 비약적인 발전을 향해 줄달음칠 뿐이다. 이러한 현실에서 뒤지면 후진 사회를 면치 못하기 때문에 국력을 결집하여 기술 개발에 박차를 가해야 한다. 지금까지는 물론이고 미래를 위해 발명과 개발에 더욱 박차를 기하고 기여할 수 있는 여건 조성과 이를 뒷받침할 수 있는 적극적인 배려가 있어야 할 것이다.
또한 예술 부문에서 국민정서 순화(醇化)를 위해 새로운 창작과 건전한 의식 풍토 조성에 기여한 공적을 높이 평가해야하며, 체육부문에서도 국위선양에 기여한 공적을 평가해야한다. 특히 체육을 후원하고 육성해온 배경에 대한 평가도 중요하지만 선수들의 피나는 훈련과 강인(强忍)한 의지, 인내심, 투지(鬪志), 탁월한 기량(技倆) 등을 높이 평가하고 이를 정치사회가 영입하는 방법도 고려해야 할 것이다.

4. 애국애족의 희생정신

우리 근세사는 눈물과 피로 얼룩진 수난(受難)의 역사다. 일제의 침략에 항거한 애국지사, 독립 유공자들의 희생에 보훈(報勳)의 배려가 뒤따라야 하는 것은 당연한 일이다. 또한 국가를 위해 생명을 던지고 희생한 애국 애족하는 숭고한 정신을 민족정기(民族正氣)로 승화(昇華)시키기 위해서는 그 후손까지도 배려해야한다. 이렇게 애국 애족의 정기(精氣)를 국가 경영의 지주(支柱)로 정착시켰을 때 정치인들의 자각과 분발(奮發)을 촉구하고 애국 애족 정신을 유도(誘導)할 수 있을 것이다. 개인의 영달과 명예욕, 집권욕과 권위욕은 민주주의의 해독(害毒)이며 영웅주의(英雄主義)적 지배욕은 민주주의 공적(公敵)임을 환기(喚起)시키기 위해서다.

5. 불의(不義)와 부정에 항거하는 의로운 희생

4.19와 같이 불의와 부정에 항거한 의로운 희생도 정치문화 발전을 위해 높이 평가하고 응분의 평가를 해주어야 한다. 조국과 민족을 위한 애국심과 희생정신, 불의와 부정에 항거하는 정의감, 이것을 높이 평가하는 것은 국기(國基)를 반석(盤石) 위에 올려놓는 일이다.

6.건강과 인품(人品)도 평가의 기본 조건

국민을 대표하는 대표자로서의 건강은 특히 중요하다. 지금까지는 국민을 대표하는 대표자가 주로 보좌관, 비서, 전문위원 등에게 의지해왔다고 할 수 있다. 이제 이렇게 남의 힘에 의지해오던 타성(惰性)을 청산하고 자신이 모든 일을 직접 하지 않고서는 그 자리를 유지할 수 없기 때문에 우선 건강이 튼실해야 한다. 신체적 행동에 지장을 받지 않을 정도의 건강은 필수이고 이미지의 전제가 되는 인품 또한 단정(端正)해야 할 것이다.

미래의 대표자라면 운전, 외국어, 컴퓨터 등을 직접 다룰 수 있을 정도로 세계화와 정보화 사회에 적응할 수 있는 능력을 갖춘 인물이어야 한다. 그 이유는 주권을 대표하는 국회가 그 나라 정치의 본산이자 국가 위상(位相)의 간판과도 같기 때문에 가능한 한이면 완벽한 인물을 요구하고 있는 것이다

7. 정치 선진화를 위한 고언(苦言)

이상으로 모두 17개 검증 대상 항목을 설정 그 내용을 세분(細分)하여 설명하였다. 검증할 가치가 있는 대상은 거의 다 망라했는데 이렇게 그 분야가 다양한 것은 비록 어느 분야에서 종사하던 그 마지막 종착점은 국가 사회라는 공동체에 공헌하는 국민으로 거듭나는 것이라는 소명(召命)의식, 즉 애국심을 심어주기 위해서이다. 그리하여 그 공헌도에 따라서 대표자 선출의 평가에 반영토록 한 것은 소명의식을 환기(喚起)시키는 인센티브, 즉 유인(誘因)을 제공하는 것이기도 하다. 검증항목 중에는 효(孝)니 인품이니 또는 가정사(家政事)에 이르는 윤리 도덕적인 항목도 눈에 띠는데 이는 직접민주주의 선진국이라는 스위스에서도 관심밖의 주제이다. 이런 덕목을 정치에 도입한 것은 세계정치사상 국민주권민주정치가 유일 최초일 것이다. 그런 점에서 스위스보다도 앞서 있다는 것은 우리만의 긍지(矜持)로 삼아야 할 것이다. 그러나 이밖에 많은 부분에서는 아직도 그들에게 배워야할 것이 많다. 특히 앞서 대표자의 건강 항목에서 언급한 것처럼 국회에서 입법 등 모든 국회활동을 혼자서 해야 하기 때문이라고 했는데 스위스에서는 진즉부터 그렇게 해온 전통이 확립된 지 오래라는 사실이다. 국민소득이 우리보다 3. 4배나 많은데도 의원들은 세비(歲費)를 회기 동안의 출장비로 대신하는 봉사 직을 긍지로 삼는다. 의원들은 회기 때가 되면 아무리 멀어도 지역구에서 기차를 타고 올라와 누구의 도움도 받지 않고 입법 조사국 자료를 가지고 혼자서 입법 활동을 한다. 회기 동안은 국회 내에 마련되어 있는 독신료(獨身寮)에서 머문다는 것이다. 넓다란 의원실에 보좌관을 8.9명이나 두고 의원의 모든 활동을 대신 처리케 하는 우리와는 너무나 대조적이다.. 국회의원이란 권위를 앞세우는 권력 직이 아니라 철저하게 국민에게 봉사(奉仕)하는 직책이라는 것을 말해준다. 정치에도 이런 프로 정신이 필요하다는 것을 새삼 느끼게 하는 대목이다.

후기(後記)를 가름하여

지금까지 5천년 역사의 여명(黎明)을 밝힌 상고대로부터 '한민족의 영원한 주제(主題)' 홍익인간이 어떻게 생성 발전하여 왔는가를 살피면서 그 현대적인 결론이랄 수 있는 국민주권 직접민주주의에 대해서도 다각도로 분석 검토해 보았다. 그러나 아직 어딘지 미진(未盡 아직 다하지 못함)하고 아쉬운 점 또한 적지 않아 다소 중복되는 부분이 있기는 하나 기왕에 발표한 바 있는 졸고(拙稿 국민주권 직접 민주주의 서설(序說)-적선가치 평가제를 중심으로 1998) 일부를 원용하여 빈 구석을 마자 채워주는 일종의 보필(補筆) 작업을 하고자 한다. 그런데 이 글이 나온 지가 벌써 근 20년 전이 되다보니 오늘의 정치 현실과는 거리를 느끼는 부분도 더러 있다는 것을 참고로 하였으면 한다.

1 주역(周易) 손익괘(損益卦)로 다시 본 홍익인간

논어(論語 안연 顔淵편)에 '정(政)은 정야(正也)니 자수이정(子帥以正)이면 숙감부정(孰敢不正)이리오'라는 구절이 있다. 간결하나마 의미심장한 촌철(寸鐵 어떤 일의 급소를 찌름)의 경구(警句)가 아닐 수 없다. 다시 말해서 '정치는 바로잡는 것이니 통치권자가 솔선(率先)하여 올바르게 행하면 누가 감히 부정한 일을 저지를 수 있겠느냐'(장기근 張基瑾역 논어)는 뜻이다. 이는 치도(治道)의 최고 진리를 말하며 시공(時空)을 초월해서 이보다 더 적실(適實 실제에 적합함)한 정치적 덕목(德目)은 다시없을 것이다.

그런데 언제부터인가 정치란 권력의 획득과 행사 그리고 유지를 위한 권모술수(權謀術數) 쯤으로 간주(看做 그렇다고 침)되어왔으며 그것이 이 목적을 달성하기 위한 경쟁 과정에서 불가피하게 일어나기 마련인 수단과 행위로 정당화(正當化)되고 있다. 그 대표적인 예를 우리를 포함한 세계 대부분의 나라가 채택하고 있는 정당정치에서 쉽게 찾을 수 있다. 즉 이들 나라에서는 정당을 중심으로 대립하고 경쟁하는 것을 정치 발전의 기본으로 삼아왔을 뿐만 아니라 심지어는 국민을 당으로 갈라놓고 대립과 경쟁을 부추기면서 모순(矛盾)과 대립 그리고 경쟁을 통해서 역사가 발전한다고 삼단논법(三段論法) 식 역사발전의 논리를 다 동원하여 합리화하고 있다.

그러나 이 민주주의의 신화(神話)는 이제 그 빛을 차츰 잃어가고 있다. 정당정치의 중간 결산을 통해서 득(得) 보다는 오히려 실(失)이 훨씬 더 많다는 사실이 속속 드러나고 있기 때문이다. 그런데 실의 가장 큰 원인은 민주주의 그 자체의 본질 속에 이미 잉태(孕胎)되어 있었다. 일찍이 아리스토텔레스가 우중(愚衆) 정치라고 그 폐해를 지적한바 있는 대중 지배 또는 다수지배(majority rule)를 두고 하는 말이다. 적선가치평가제를 도입한 국민주권직접민주주의는 바로 이를 극복하기 위해 제시된 유일무이한 대안(代案)이다. 곧잘 서양의 민주주의와 대비되는 홍익인간의 근본 바탕을 이루고 있는 민본(民本)사상은 민심이 곧 천심(天心)이라는 전래의 의식 속에 깃들어 있는 천인상여(天人相與) 또는 여민동락(與民同樂)으로, 백성과 더불어 함께 하며 이념적으로는 모든 사람들이 선(善)에 이르도록 지향하고 조직적으로는 천하를 통일된 하나의 큰집으로 체계화(體系化)하려는 데 그 목적이 있다.

크게는 우주 경영(經營)에서 현세 간 삶의 영위(營爲)에 이르기까지 만물의 생성 변화 원리를 궁구(窮究 속속들이 깊이 연구함)하는 동양철학의 뿌리인 주역(周易, 손익괘 損益卦의 논리와 교훈 김충열 1989)을 통해서 풀어보면 홍익인간은 손익괘(損益卦)의 괘상을 그대로 옮겨놓은 손상익하(損上益下) 손하익상(損下益上)의 원리를 말하는 것이다. 왕성하고 가득 찬 것에서 덜어다가(損上) 허약한 하(下)를 채워주고, 즉 익하(益下)하고 반복적으로 다시 허약했다가 충실해진 쪽에서 충실했다가 허약해진 쪽을 보태주는 아주 평범한 이치(理致) 그 이상도 이하도 아니다.

다시 말해서 개인과 전체, 사익(私益)과 공익(公益)의 협동(조화)을 추구하는 홍익 이념은 적선가치 평가제를 도입한 국민주권 민주정치로 계승되었고 아리스토텔레스가 중우(衆愚)정치를 지양하는 대안으로 제시한 이상정치의 모델인 폴리티(polity)와도 상통하는 인류 보편의 사상적 틀로 자리매김 할 수 있게 된 것이다. 즉 그것은 만민이 인권과 경제 교육 등 모든 분야에서 균등하게 이익을 도모한다는 평등 지향(指向) 이념이기 때문이다. 홍익 이념의 정치적 표현이랄 수 있는 신라의 화백 제도 역시 민주주의의 다수결 원칙과는 달리 회의에 참석한 구성원 가운데 단 한사람이라도 이의(異議)가 있을 때는 끝까지 대화와 설득을 통해서 전원의 합의를 이끌어내는 제도이다. 홍익인간을 실천하는 방식으로 채택한 전원일치 만인 합의 정신은 바로 이로부터 비롯되고 있다.

2.국민주권민주주의의 법적(法的) 근거

화백의 만인 합의 정신을 바탕으로 국민주권 직접민주정치 개헌안의 전문(前文)에 헌정(憲政) 사 상 최초로 도입한 홍익인간은 한민족 사상의 원천이자 진리를 과학화한, 즉 재세이화(在世理化)한 독특한 정치체제이다. 그리고 그것은 인류공영의 세계적인 보편성(普遍性)을 함께 하는 민주주의의 완성을 지향하고 있다,

이를 좀 더 알기 쉽게 현행 헌법의 법조문과 비교해 가면서

풀어보면 헌법 제1조(2항)에서 '대한민국의 주권은 국민에게 있고 모든 권력은 국민으로부터 나온다.'고 주권재민(主權在民) 권력유민(權力由民)을 명기(明記)하여 국민주권 직접민주정치의 법적 성립 근거를 명백히 제시하고 있다.

민주주의의 원리와 원칙을 확고히 규정하고 있는 우리 헌법의 근본 규범(規範)에 해당한다. 따라서 이 규정은 헌법 각 조항의 해석(解釋) 기준이 되며 헌법 개정의 한계(限界)를 설정하는 마지노선이기도 하다. 통상적으로 헌법의 다른 규정을 구속하는 근본 규범으로서의 효력 외에도 통치조직(統治組織)이 국민에 의해서 형성되고 국민의 자유평등을 보장할 민주주의적 정치기구를 통하여 그 권력이 행사(行使)될 것을 요구하고 있다. 국민주권은 헌법상 최고의 권한으로서 헌법을 제정 내지 개정할 수 있고 국민투표를 통해서 국가 정치향방(向方)의 최종 결정 권력, 최종적으로는 통치권도 감독하는 권한을 가지고 있다. (헌법학 개론 국민주권주의의 법적 성격 김철수 金哲洙 1998)

다시 말해서 대한민국 치도(治道)의 정석(定石)이며 정치철학적 진리를 구현한 최고 이념이요 정치의 정도(正道)를 밝힌 것이다. 그렇다면 물이 위에서 아래로 흐르듯이 법의 순리에 따라 헌법 제 1조에 규정한대로 민주주의를 실천할 수 있는 합법적인 조직체계와 기구를 설치하는 별도의 조항이 규정되어 있었어야 했다. 그러나 유감스럽게도 우리

김철수

헌법에는 그 실천조항이 명시되어 있지 않다. 거듭되는 파행(跛行 균형이 잡히지 않음)은 이에 그치지 아니하고 헌법 제 8조에 가서 난데없이 정당 조항을 설치하여 국민주권을 정면으로 유린(蹂躪)하고 민주주의의 정도(正道)를 편법(便法)으로 운영토록 규정하고 있다. 국민이 행사해야 할 권리를 정당이라는 불청객이 중간에서 가로챈 것(횡취 橫取)이다.(남북통일의 가능성과 전망-경세(經世)사관을 중심으로 최치영)

문제의 정당 조항에서는 첫째로 정당의 설립은 자유이며 복수 정당제는 보장한다고 했는데 정당을 만들어 지역구까지 운영하려면 수천 수백억의 막대한 자금이 소요된다. 정치인들이 이처럼 엄청난 자금을 투입하여 정당을 만들 때는 필연적으로 정경유착(政經癒着)을 초래함은 물론 그에 상응(相應)하는 권력과 돈과 명예라는 반대급부(反對給付)를 전제로 하지 않는 이상 성립될 수 없는 것이다. 이처럼 한 나라의 정치가 돈과 권력으로 시작되고 돈이 아니면 정치를 할 수 없는 허울 좋은 민주주의를 해왔기 때문에 그 결과 황금만능주의가 만연(蔓延 널리 뻗어서 퍼짐)하게 되었고 돈과 권력으로 해서 온 천하가 썩고 병들어 인간 가치마자 돈의 노예(奴隷)로 전락하고 말았다. 둘째로 정당은 그 목적 조직이 민주주의적이어야 한다고 했다. 그러나 특히 우리나라 정당의 경우 당수 1인 체제에 당비 징수율 2%에 불과한 비민주 비 대중적 사당(私黨)으로 전락한지 오래 되었다.게다가 정당 당원을 모두 합쳐봐야 전 국민의

6%(270만)밖에 안 되는 사당 조직에 불과한 집단을 가지고 어떻게 전 국민의 주권을 민주적으로 대변(代辯)할 수 있겠느냐는 것이다.(국민주권직접민주정치 개헌 세계일보 1997.7.19.일자)

셋째로 정당은 법률로서 국가의 보호를 받으며 운영 자금까지 국가가 보조할 수 있다는 조항에 이르러서는 국민들로 하여금 배신감(背信感)마자 느끼게 하는 그들만의 잔치로 시종(始終)하고 있다. 뿐만 아니라 이 조항은 헌법 제1조는 물론, 국민의 평등과 행복 추구권(追求權)을 규정하고 있는 헌법 제 10조, 특수계층 불용(不容)을 규정한 헌법 제11조와 정면으로 배치(背馳)된다 .당내 민주화의 가늠자라고 할 수 있는 당비 징수율이 50%가 넘는 독일 같은 나라에서도 1994년 정당에 대한 국고(國庫)지원이 위헌(違憲) 판결을 받았는데 하물며 우리나라 같은 낙후(落後)된 정당체제 하에서 국민주권을 팔아 이득을 챙기는 정당에게 국민의 세금까지 보조해야 하겠느냐는 것이다

3 정당정치 쇠락(衰落)은 전 세계적 현상

마지막으로 정당의 목적이나 활동이 민주적 기본 질서에 위배될 때는 정부는 헌법 재판소에 그 해산을 제소(提訴)할 수 있다고 규정하고 있다. 그러나 자신을 추대하고 선출한 여당 당수가 곧 대통령을 겸하고 있으니 (지금도 현직 대통령이 여당에 대해서는 막강한 영향력을 미치고 있다. 그러나 전처럼 당 총재 직을 겸하고 있지 않기 때문에 드러내놓

고 영향력을 행사하지는 못하고 있다) 설사 그 당이 함량미달(含量未達)이라 하더라도 소속당의 해산(解散)을 명할 수 있겠느냐는 것이다.(국민주권직접민주정치 헌법개정(안) 요지(비민주적 정당정치의 청산)

이와 같은 정당의 횡포(橫暴)는 집권 목적으로 합리화되고 있는데 지구상에서 유일하게 직접민주주의를 채택하고 있는 스위스에서는 정당을 두되 우리와 같은 권력 정당이 아니라 정책 개발을 위한 기능(機能) 정당으로 한정시키고 있다는 점에 주목할 필요가 있다. 우리도 국민주권직접민주정치를 채택할 경우에는 지금의 정당정치를 지양하고 스위스에서와 같이 오로지 정책 개발을 위한 장책정당 기능정당으로서의 역할만 맡도록 한정하게 될 것이다. 이는 스위스의 제도를 모방해서가 아니라 처음부터 헌법개정안에 그렇게 규정하고 있다.

세월이 무상(無常)하다더니 정당 정치의 선진국이라고 할 수 있는 유럽 주요국들에서도 정당정치는 점차 쇠락(衰落)의 길을 걷고 있다. 영국 만해도 두 세대 전 보수 노동 양당의 투표자가 98%에 이르던 것이 지금은 60% 쯤으로 떨어졌다는 것이다. 1950년대 400만 명을 넘던 당원이 이젠 45만 명 수준으로 급감(急減)했다고 한다. 프랑스에서는 지난 10년 새에 집권당도 야당도 당원이 절반으로 줄었다. 지난 연말 독일의 한 언론(베를리나 차이퉁)은 당원수와 기부금이 급감했다고 전하면서 각 당 당원이 한해에 1만, 2만 명 식 뭉텅이로 줄어들고 있다는 것이다. 이렇게 기민당(基

民黨) 사회당에서 떨어져 나온 유권자는 온라인이나 시민단체에서 자구적(自救的)인 활동을 하고 있다. 이밖에 유럽 13개국도 사정은 마찬가지로 1970~1990년대 당원수가 이미 40% 넘게 줄었다는 것이다. 정치 경제 사회를 통할(統轄) 하던 거대 정당들이 매력을 잃자 단일 이슈에 단일 그룹을 별도로 조직하여 요구를 관철(貫徹)하려는 현상이 두드러지게 나타나고 있다고 한다. 공천 작업이 한창 진행되고 있던 작금 당원명부에 유령당원이 많다는 소동이 여당안에서 제기되어 유권자들의 빈축(嚬蹙 얼굴을 찡그림, 즉 불만과 비난을 받다)을 산 일이 있는데 이는 저간(這間 요즈음)의 사정을 말해주는 한국정당의 현주소가 아닌가 한다. 한 때 여야가 240만이니 270만이니라고 호언(豪言)하던 당원 수를 그대로 곧이듣는 사람은 이제 아무도 없다, 자신들이 그렇게 주장할 뿐이다.(2016. 3. 8일자 조선일보 논설 '파티는 끝났다.' 중에서)

맺는 말

1.위기와 기회의 선상(線上)에서

지금까지 여러 각도에서 조명해본 홍익인간을 한마디로 다시 정리하자면 국민을 위한 정치(政治) 본래의 의의를 글자 그대로 살려 실천하는 것이라고 할 수 있다. 반면에 현대 민주주의의 핵심 코드인 정당정치는 국민의 이익과는 거리가 먼 일부 파당(派黨)의 이익에 충실한 패거리(사당 私黨) 정치의 소산임을 확인할 수 있었다.. 그리고 시대적으로 고대로 올라갈수록 오히려 공생공영(共生共榮)의 사회공동체정신은 더 강하게 나타나고 있는데 이는 직접민주적 성향(性向) 또한 더 뚜렷하게 나타나는 반면에 인지(人智)가 발달한 현대로 내려올수록 그것이 점점 더 희박해지는 현상이 나타나고 인간의 순수성(純粹性)이 비율적으로 훼손(毁損)되어 유지되고 있었기 때문이 아닌가 여겨진다. 이기주의적(利己主義的) 산물인 부정과 부패에 그만큼 덜 노출되어있다는 반증(反證)이라고도 할 수 있을 것이다..

앞에서도 지적한 바 있지만 1개 종교의 경전이나 검증되지 아니한 재야 사서(史書) 등을 이스탄트식으로 인용하여 편하게 앉은 그 자리에서 수천 년 역사의 홍익인간을 독점(獨占 ?)하려는 과욕은 이제 버리고 벗어나야할 때라는 생각을 해온지 오래다. 필자 역시 제대로 갈피를 잡지 못하고 오랫동안 방황하던 끝에 만난 주역 손익괘(損益卦)의 원리가 바로 그 키워드라는 것을 발견하게 되면서 홍익인간으로 가는 지름길을 찾게 된 것이다. 거기에다 반사작용(反射作用)이긴 하지만 맹자의 맥도(貊道) 비하(卑下) 발언이 결정적 계기로 작용하게 되었고 그의 백 년 전 스승 공자가 설파한 손익괘의 논리와 교훈이 또한 홍익인간으로 가는 길을 안내하는 선구적(先驅的) 역할을 한 셈이 되었다. 맹자가 그토록 야만시했던 맥(貊)은 우리 역사의 부여(夫餘)에 해당하는데 그 문화가 중국의 그것에 조금도 손색(遜色)이 없었을 만큼 융성(隆盛)하였고 그 밑바탕에는 당시 주(周)나라의 조세율(租稅率 수확량의 10분의1)의 절반(20분의 1) 밖에 안 되지만 바로 손익괘의 양면성, 즉 손상익하(損上益下)와 손하익상(損下益上)의 원리를 적절하게 조절하여 국민과 국가가 다 함께 잘사는 홍익문화를 일궈냈던 것이다. 부여는 바로 홍익인간을 건국이념으로 하여 최초의 나라를 세운 단군조선의 역사적 정통(正統)을 계승한 나라로 그 이념의 꽃을 피웠고 부여의 계승자인 고구려는 도(道)로서 나라를 다스리고 대지(大地) 또는 천지 天地), 즉 보다 넓고 기름진 영토를 개척하여 백성들을 안주(安住)시킨다는 이도여치(以道輿治)사상이 곧 홍익인간의 역사적 연맥(連脈)을 계승하고 있다는 사실을 광개토대왕 능비에 금석(金石)으로 새겨 남기게 된 것이다..

홍익인간의 정치적 표현인 신라 화백(和白)과 진흥왕대에 일으킨 화랑은 고구려 조의선인(皁衣仙人)의 전통을 계승한 대표적인 청년 수련 단체로 계속되는 중국의 동진(東進)에 맞서 싸우는 데 영알(寧日)이 없던 고구려인에게 상무(尙武)정신을 더욱 앙양(昂揚)시키는 계기가 되었다.

2.홍익인간으로 자주정신 다시 일깨워야

고려조 들어서는 화랑을 숭모하는 마지막 낭가(郎家)파로 군신(君臣 예종 睿宗과 윤관 尹瓘)이 의기투합하여 이룩한 여진(女眞) 정벌의 대업, 칭제북벌론(稱帝北伐論)을 처음으로 주창한 그 아들 윤언이(尹彦頤), 묘청과 정지상 등 낭불파가 일으킨 묘청의 난(일명 서경전역 西京戰役)이 김부식(金富軾) 등 유학(儒學)파에 의해 토멸되면서 낭불파는 완전히 몰락하게 된다. 신채호는 이를 '조선역사상 1천년 래(來)의 대사건'이라고 명명했는데 이후 고려와, 조선이 자주정신을 잃고 종속적(從屬的) 사대적(事大的)으로 전락하게 된 것을 두고 하는 말이다..

조선조 초기 문운(文運)이 융성했던 세종 조에서는 백성을 섬기는 정치로 홍익인간의 대도(大道)를 보여줬으며 세조의 정권찬탈을 죽음으로 항거한 사육신의 파사현정(破邪顯正) 정신은 한말의 의병정신으로까지 계승되었다. 이는 다시 적치하(敵治下)의 독립운동으로 발전하여 중국 대륙을 독립전쟁의 치열한 불꽃으로 수놓았다. 한말의 동학농민운동은 일찍이 전북 태인(泰仁)일대에서 정극인(丁克仁 조선 최초의 가사 시인)이 일으킨 향약(鄕約)운동 정신을 계승한 지방자치운동의 연장선상에서 전봉준이 일으킨 동학 농민운동이 민정(民政)기관인 집강소(執綱所)를 중심으로 한 직접민주적인 농민 자치운동으로까지 발전하게 된다.

조선조 후반 영정조 대에 일어난 실학의 비조 이익은 북송의 정치가 왕안석(王安石 자는 介甫)이 위, 즉 상류층에게도 잘 살고 백성에게도 이익이 되는 경제정책을 폈다가 실패한 것을 두고 성인(공자)의 가르침(주역을 말함)을 제대로 익히지 못해 나라를 위태롭게 만들었다고 나무랐는가 하면 다산 정약용은 손상익하 대신 손부익반(損富益貧)의 원리를 활용하여 다 같이 함께 잘사는 경제정책의 대강(大綱)을 세워야 한다고 주장하고 있다. 지금까지 여러 시대에 걸쳐 여러 학자나 정치인이 일관되게 주장해온 내용을 다시 집약해 보면 결국 홍익인간이 지향하는 공존공영의 논리로 귀착하게 된다.

이와 같은 홍익인간의 역사적 연맥(連脈)이 반만년 역사를 관통하는 세로 기둥(즉 지주 支柱) 역할을 했다면 홍익인간의 진수(眞髓 사물의 가장 중요한 부분)나 다름없는 손익괘(損益卦)의 원리는 세로 기둥을 가로지르는 들보(량 梁)에 해당한다고 볼 수 있을 것이다. 일찍이 공자가 손익괘의 논리와 교훈을 설파한 이래로 유가(儒家) 뿐 만 아니라 종교를 초월하여 군왕이나 지도자의 최고 덕목(德目)으로 간주해왔는데 앞서 말한 바와 같이 우리나라에서는 영정조(英正朝)대의 르네상스기 실학자 이익과 정약용이 이 논리를 원용(援用)하여 국가 경제의 발전전략으로 제시(提示)한 바 있다. 그리고 현대 들어서는 동양철학자 김충열(金忠烈)에 의해 현대적인 논리로 재정립하기에 이르렀으며 이 정신을 계승한 민간단체인 (사)통일건국민족회(회장 최치영)가 헌정(憲政)사상 최초로 국민청원 형식을 빌어 발의(發議)한 국민주권직접민주정치 헌법 개정안 전문(前文)에 지금까지 3.1운동정신에 머물러 있던 헌법정신을 홍익인간으로까지 소급(遡及), 도입하여 한민족의 유구한 역사와 그 궤(軌)를 함께 하고 있음을 천명하기에 이르렀다. 이렇게 해서 국민주권직접민주정치의 이론적인 틀은 유루(遺漏 물샐 틈) 없이 촘촘하게 짜여져 있다. 지금은 오로지 이의 실천을 담보하고 세기적(世紀的)인 민족의 숙원인 통일에 대비하여 가히 혁명적이라 이를만한 정치개혁, 즉 국민주권직접민주정치 시대의 새벽을 열어갈 사명이 5천만 국민 저마다의 두 어깨 위에 지워져 있음을 자각(自覺)하고 실천하지 않으면 안 될 위기와 기회의 선상(線上)에 서 있는 엄중한 시점(時點)이다..